Introducción

"También les dijo una parábola: Mirad la higuera y todos los árboles. Cuando ya brotan, viéndolo, sabéis por vosotros mismos que el verano está ya cerca. Así también vosotros, cuando veáis que suceden estas cosas, sabed que está cerca el reino de Dios" (S. Lucas 21:29-31).

Moreno, de 70 años, cabellos y barba emblanquecidos por el tiempo, rostro apacible y andar pausado. El hombre parece un abuelo cariñoso que lleva un regalo a sus nietos. Por lo menos, eso es lo que cualquiera pensaría al verlo caminar por las calles de una ciudad, vistiendo traje oscuro y con un maletín de cuero negro en la mano derecha.

La verdad es diferente. El anciano no lleva regalo alguno. El maletín esconde una bomba en forma de noticia.

Una noticia que sacudirá a la opinión pública mundial y provocará las reacciones más controvertidas. Al dar la vuelta al mundo, el hecho llevará a muchas personas a pensar que ese anciano está loco. Otras creerán que el hombre del maletín negro sólo busca promoverse. Al fin de cuentas, los hombres públicos necesitan estar siempre en evidencia. Es de la noticia que les viene la popularidad; es a través de los medios como un político se hace conocer. Y Ernie Chambers, senador independiente por el Estado de Nebraska, EE.UU., es un viejo, polémico e irreverente político.

5

Día 14 de septiembre de 2007; 10:30 de la mañana. El senador Chambers entra en la Corte del condado de Douglas, mira hacia todos lados, como un niño necesitado que desea llamar la atención, y hace explotar la noticia. Abre un proceso judicial contra Dios. Le exige que deje de provocar tanto terror en el mundo.

En el proceso, el abogado afroamericano, que nunca ha ejercido la carrera, acusa a Dios de ser el causante de todas las "inundaciones devastadoras, terremotos horrendos, terribles huracanes, plagas, pestilencias, acciones terroristas, hambrunas, guerras genocidas" y otras tantas catástrofes mundiales que aterrorizan a la humanidad.[1]

El proceso judicial que Chambers inició contra Dios, inverosímil como pueda ser, muestra dos cosas. Primero, la irreverencia del hombre moderno, típicamente incrédulo, contra Dios. En segundo lugar, la preocupación del ser humano por la realidad aterradora de nuestros días. Algo extraño sucede en este planeta, y únicamente no ve el que no quiere ver.

No es normal la avalancha cada vez más frecuente de catástrofes naturales. En fracción de segundos son borradas del mapa ciudades enteras. Miles de vidas desaparecen. Según un informe del IPCC, instituto relacionado con las Naciones Unidas, el calentamiento global, de continuar como lo viene haciendo, podría exterminar a una cuarta parte de todas las especies de plantas y de animales de la Tierra para el año 2050.

Este mismo informe asegura que si todo el hielo de la zona antártica se derritiera, el nivel del mar aumentaría aproximadamente 61 metros.[2] Aterrador, si se tiene en cuenta que un aumento de sólo 6 metros sumergiría Londres, Nueva York y todas las capitales próximas al mar.

El ser humano no puede dejar de preocuparse ante informaciones como estas. La acción judicial del senador puede parecer ridícula en su destinatario, pero es coherente en su preocupación.

Las previsiones de fenómenos atmosféricos que amenazan la seguridad del planeta son cada vez más aterradoras y pesimistas. Algo parece haberse salido de sus ejes. No es alarmismo. Algo, que está fuera del control humano, se aproxima. De otro modo, ¿cómo explicar tantas catástrofes naturales, tanto dolor y tanta desesperación? En fin, ¿qué pensar ante decenas de inundaciones, terremotos, incendios, volcanes que entran en erupción después de años, huracanes...? Mezclando sangre y lágrimas, el ser humano ve pintado delante de sí un cuadro de terror, desolación y muerte.

Por otro lado, tampoco es normal la confusión existencial que el ser humano padece. Anda perdido y comete desvaríos. ¿Cómo explicar que personas destruyan vidas y sueños sin piedad? ¿Por qué el ser humano, la más inteligente de las criaturas, es capaz de realizar barbaries como arrastrar a un niño de apenas 5 años amarrado a un automóvil hasta matarlo, o secuestrar criaturas inocentes para humillarlas sexualmente y vender sus fotos al mundo perverso de la pornografía? ¿Qué esconde el hombre de nuestros días en la maraña de su mente? ¿Por qué unas veces es tierno y solidario, y otras veces es salvaje y cruel?

Cuando un joven universitario, en la flor de la vida, dispara indiscriminadamente contra sus compañeros, mata a muchos y después pone un punto final a su propia vida, es hora de repensar el tiempo en que vivimos. Algo anda mal en las profundidades del corazón humano. El tren de la vida se salió de los rieles y viene, sin gobierno, a una velocidad peligrosa. Es innegable y dolorosamente absurdo. Pero es real.

¿Qué lleva a la juventud a hacer circular miles de millones de dólares gracias al consumo de drogas y a alimentar con ese dinero cientos de otros negocios del submundo del crimen? ¿Qué es lo que tanto busca y no encuentra? ¿Por qué se autodestruye?

Este libro trata de explicar lo que existe detrás de la cortina. Todas las incoherentes acciones del ser humano tienen explicación. No están visibles a primera vista, pero tienen razón de ser. El descontrol de una naturaleza enloquecida, las acciones perversas del propio hombre, las guerras desquiciadas y sin sentido, el hambre, etc., sólo es lo visible en el escenario de los acontecimientos. Pero detrás de la cortina de los hechos algo se aproxima. Inexorable, silencioso, con pasos firmes. El simple espectador lo desconoce; sin embargo un Libro lo registró hace ya muchos siglos.

Jesús dijo: "De la higuera aprended la parábola: Cuando ya su rama está tierna, y brotan las hojas, sabéis que el verano está cerca. Así también vosotros, cuando veáis todas estas cosas, conoced que está cerca, a las puertas".[3]

¿Qué es lo que "está cerca"? ¿A qué se refería Jesús cuando pronunció estas palabras? La respuesta a estos interrogantes puede cambiar el rumbo de la historia. De tu historia. De tus luchas, tus dramas y tragedias. De la historia y el destino de las personas que más amas. La historia, en fin, de un conflicto milenario, extraño y trascendental. Lee este libro, y lo verás.

Referencias:
[1] *USA TODAY,* 14 de septiembre de 2007.
[2] *Climate Change 1995: The Science of Cimate Change. Contribution of Working Group I to the Second Assessment Report of the Intergovernmental Panel on Climate Change* (Cambridge University Press, 1996).
[3] *La Sagrada Biblia.* S. Mateo 24:32, 33.

1

Una pregunta fundamental

"Estando él sentado en el monte de los Olivos, los discípulos se le acercaron aparte, diciendo: Dinos, ¿cuándo serán estas cosas, y que señal habrá de tu venida y del fin del siglo?" (S. Mateo 24:3).

Se aproxima el momento supremo. La hora crucial en que el amor y el dolor se abrazarán. El instante del sacrificio mayor, de la entrega infinita. El Rey de reyes y Señor de los señores, Creador del universo y Dueño absoluto de los cielos y la Tierra, descenderá a los niveles más profundos de la humillación. Será clavado como un paria en una cruz reservada para los peores delincuentes. Pagará, así, el precio de la redención humana. Lo pagará con su sangre. Rescatará al hombre del poder de la muerte. Lo traerá a la dimensión de la vida.

La cuenta regresiva de la misericordia ha empezado. Una densa nube de tristeza y dolor se mueve entre ellos como presagio de muerte. Ellos no lo perciben. Tal vez los discípulos sean demasiado humanos para entender las cosas del espíritu. El Maestro sí es consciente de la solemnidad del momento. En pocas horas la angustia y la soledad se apoderarán de ellos, y él no quiere que sufran. Los ama con un amor incomprendido e infinito. Los está amando hasta la muerte.

El relato bíblico dice: "Cuando Jesús salió del templo y se iba, se acercaron sus discípulos para mostrarle los edificios del templo".[1] Marcos relata que uno de sus discípulos le dijo: "Maestro, mira qué piedras, y qué edificios".[2] ¿Te das cuenta? El dolor está cercano, la hora crucial se aproxima, el destino eterno de la humanidad se decidirá en pocas horas, y los discípulos preocupados sólo por lo material: el Templo.

Al ser humano le fascina el brillo de las cosas que puede tocar, y sin duda el Templo, con sus enormes bloques de mármol, con el oro de sus detalles interiores y con sus columnas gigantescas, es esplendoroso, impresionante. Agradable de ser visto, admirado y tocado.

Veintiún siglos han pasado y los seres humanos continuamos fascinados por lo que captan nuestros sentidos físicos. Tenemos dificultad para entender la dimensión espiritual de la vida. Nos aproximamos al momento glorioso de la Tierra, pero somos incapaces de percibir la importancia del tiempo en que vivimos. La proximidad del evento glorioso de los siglos parece perderse en la penumbra de nuestra humanidad. No la vemos. Toda nuestra atención se concentra en las cosas que podemos contemplar con los ojos físicos: guerras, violencia, terremotos, huracanes, el calentamiento global, los flagelos sociales, las injusticias. Nada más. Ignoramos la esencia de lo que sucede. Buscamos soluciones pasajeras y humanas para las tinieblas que se apoderan del planeta. Desconocemos que, en pocas horas, despuntará el sol de un día eterno.

En aquella ocasión la respuesta de Jesús a sus discípulos los deja perplejos: "De cierto os digo que no quedará aquí piedra sobre piedra que no sea derribada".[3] El Maestro habla de destrucción. Para construir los valores del espíritu es necesaria la destrucción de los valores de la carne. El inicio del reinado de la vida requiere el fin del imperio de la muerte.

Los discípulos sienten el impacto de las palabras de su Maestro, y se ponen a razonar. Si ese fabuloso templo llegara un día a ser derribado, eso sería posible únicamente con la segunda venida de Cristo y la consecuente destrucción del mundo. Ese pensamiento les resulta doloroso. Les duele, con un dolor que no saben explicar. Les duele en el alma, en el corazón, en el mundo interior de las emociones, donde duelen las heridas que no se ven. Todas sus esperanzas están relacionadas con la gloria y el esplendor de ese templo. Sueñan verse libres del yugo romano. Han aguardado al Mesías por generaciones. ¿Cómo ahora Jesús les dice que ese templo va a ser destruido?

El camino de Jerusalén al Monte de los Olivos es un camino con sabor a fracaso. Ellos han dejado todo para seguir a Jesús. Lo han aceptado como el Señor de la vida. Pero Jesús les habla de muerte, de destrucción. Por más que se esfuerzan, no logran entender.

Aquella tarde lúgubre descienden al Valle del Cedrón como si bajaran al corazón de la Tierra. Es una procesión silenciosa y triste. Los discípulos están perturbados por lo que el Señor les ha dicho, pero no se animan a preguntarle en el camino.

De las riberas del Cedrón suben hacia el Monte de los Olivos. Continúan tristes, preocupados. Al llegar al monte, algún tiempo después, vuelven al tema de la destrucción del Templo. Abren su corazón a Jesús y muestran su curiosidad: "Dinos, ¿cuándo serán estas cosas, y qué señal habrá de tu venida, y del fin del siglo?"[4]

Entonces el Señor Jesús les diseña un cuadro de la situación mundial que precederá a su retorno a la Tierra. Les habla de guerras, rumores de guerras, terremotos, falsos Cristos, persecución, hambrunas y todo tipo de calamidades.

Las palabras de Jesús son para ellos. Los discípulos serán testigos de la furia romana que destruirá el Templo. Parte de las señales de San Mateo 24 se refieren a lo que sucedería antes de la destrucción del Templo. Otras, sin embargo, e incluso las primeras, por aplicación, anuncian lo que sucederá antes del fin del mundo.

La humanidad necesita saber hoy, con urgencia, el mensaje entrelíneas de los acontecimientos aterradores de nuestros días. Nada sucede por casualidad. Todo fue escrito y anunciado en las Santas Escrituras. Las señales del regreso de Cristo, presentadas en la Biblia, son una descripción fiel de lo que sucede en nuestros días. Un retrato del mundo actual y sus constantes luchas contra los desvaríos de la propia humanidad, y contra la furia enloquecida de una naturaleza que no soporta más las agresiones del hombre y se rebela, como potro salvaje, cuando intentan quitarle sus horizontes infinitos para hacerla vivir aprisionada.

Lo que escribo a continuación es una constatación de las cosas que están sucediendo. Ocurrirán más a medida que el tiempo acabe y nos aproximemos al fin. Es un mensaje de urgencia. La urgencia nace del peligro. Pero es también un mensaje de esperanza. Esperanza de un nuevo día y un mundo nuevo.

Al observar lo que sucede a nuestro alrededor percibimos que ya es de noche en nuestro planeta. Bastante de noche. Noche oscura. Las tinieblas que nos rodean asustan, pero son la evidencia de que el Rey ya vuelve. No hay que temer. Después de la noche siempre viene el día. Cuanto más densa la oscuridad, más cerca el nuevo día.

Sé, por experiencia propia, cuán valiosa es la esperanza. La necesité una noche, perdido en la selva. Me aferré a ella como a la tabla de salvación en un mar revuelto. Había andado todo el día y ya no tenía fuerzas. El indio que me acompañaba creyó mejor dormir a la orilla de un río.

–Mañana será otro día –me dijo–, y usted estará en mejores condiciones; no vale la pena continuar andando en la oscuridad.

Paramos. Nos adentramos en la noche, con sus ruidos extraños. Sentí la oscuridad en mis ojos, en el aire que respiraba, rozando mi piel, tratando de intimidarme. Hay noches en la vida tan densas, tan oscuras y tan tristes... Noches del alma. Noches de la selva. Noches que dan la impresión de ser eternas. Aquella era una noche de esas.

Casi no dormí. Me incomodaba la oscuridad, me perturbaban sus ruidos, me molestaba su intensidad. No dormí. Observé la noche. La vi soberana, amedrentadora, dueña y señora de la situación. Deberían ser las cuatro o las cinco de la mañana cuando pregunté al guía:

–La noche ¿se está poniendo más oscura o es simple impresión mía?

–No es impresión suya, la noche realmente se ha puesto más oscura, pero no se preocupe. Eso significa que, de un momento a otro, va a salir el sol.

Diez minutos después, el sol salió. Pude ver sus rayos dorados sonreírme a la distancia. Pude disfrutar otra vez de su luz, de su esplendor, de su vida. Estaba a salvo. Un nuevo día había llegado.

La noche de este mundo está cada vez más densa. Hay dolor, tristeza y muerte a nuestro alrededor. Hay injusticia, miseria y hambre en torno a nosotros. A veces da la impresión de que todo está perdido. No es verdad. La noche de este mundo acabará pronto. El sol de un nuevo día ya despunta en el horizonte. El Señor Jesús viene a buscarte.

–Ven a mí –te dice con su voz mansa–; confía en mí para atravesar las horas de oscuridad que todavía restan.

¿Qué harás? ¿Aceptarás su invitación?

La respuesta es sólo tuya.

Referencias:
[1] S. Mateo 24:1.
[2] S. Marcos 13:1.
[3] S. Mateo 24:2.
[4] S. Mateo 24:3, u.p.

Tiempos de guerra

"Cuando oigáis de guerras y de rumores de guerras, no os turbéis, porque es necesario que suceda así; pero aún no es el fin. Porque se levantará nación contra nación y reino contra reino... principio de dolores son estos" (S. Marcos 13:7, 8).

El niño mira aterrorizado al hombre de capucha negra. Se llena de pavor ante el arma que apunta a su cabeza. Tiembla. No tiene valor para volver los ojos hacia la botella con el líquido amarillo que sostiene en la mano izquierda. Se desespera y llora. Un niño de 6 años sólo puede llorar ante una circunstancia brutal como la que está experimentando.

–¡Bebe esa cosa o te mato!

La voz del hombre grande, sin rostro, suena amenazadora. Iván no tiene otro remedio. Bebe su propia orina.

¿Cómo encontrar palabras para describir este cuadro? ¿Qué hacer cuando lo que tienes delante de tus ojos es imposible de ser descrito por el exceso de crueldad? La palabra exacta para definir esa escena sería ignominia. Tal vez oprobio. Quizá miseria. Lo que sucedió ese día, en lo recóndito del alma humana, huye de las palabras y los adjetivos. Las palabras sobran, o faltan, no sé. Mejor es fingir que nada fue real. Esconderlo de las palabras.

Quizás así tengamos menos vergüenza de decir que somos humanos y aceptemos la idea de que nos volvimos animales.

Todo ocurre un miércoles 1º de septiembre. El enorme reloj de pared del edificio central de la escuela primaria indica las 9:40 de la mañana. Es una mañana típica de fin de verano. Hay sol y alegría afuera. Dentro de la escuela, alumnos, profesores y padres de familia se preparan para dar inicio al programa de celebración denominado "Jornada del Saber".

Súbitamente se oyen disparos y voces de comando. Palabras de bajo calibre, amenazas y golpes son distribuidos a diestra y siniestra. En fracción de segundos, 32 hombres y mujeres armados hasta los dientes, con los rostros cubiertos por capuchas negras y destilando odio por los ojos, se apoderan de la escuela. Pocos minutos después tienen en su poder a 1.300 rehenes.[1]

Los invasores colocan a los rehenes en el gimnasio de la escuela y riegan una enorme cantidad de explosivos, para protegerse en caso de ser atacados por sorpresa. Las fuerzas especiales de seguridad del Ejército rodean la escuela. Se preparan para ingresar al primer descuido de los terroristas. Así comienzan tres días de horror. Los rehenes jamás olvidarán y la humanidad cargará con el incidente, como llaga abierta, por mucho tiempo. Es la guerra. Jesús ya lo había dicho: "Oiréis de guerras y rumores de guerras".[2] Esta sería una de las señales que anunciarían su retorno a la Tierra.

Al principio, los invasores no hacen ninguna demanda. Simplemente se niegan a dar de comer y beber a los alumnos. Amenazan con matar a veinte de ellos cada vez que un miembro del comando sea herido por las fuerzas de seguridad. Hay amargura y rencor en las palabras del jefe del comando invasor. Declara a los órganos de prensa que no dará comida ni agua a los niños. Algunos alumnos contarían, después, que fueron obligados por los terroristas a beber su propia orina.

Viernes 3 de septiembre. Hace calor. Calor infernal. Los niños se sofocan dentro del gimnasio. Nadie imagina la tragedia que se avecina. Falta apenas 93 días para que otra tragedia de dimensiones catastróficas sacuda al mundo: el tsunami asesino que borraría del mapa ciudades enteras y se llevaría consigo a más de doscientas mil vidas.

En la ciudad donde el secuestro ocurre hay expectativa generalizada. Los ojos del mundo se dirigen para ver el desenlace final del ataque a niños indefensos.

De pronto se oye la explosión de una bomba. Siguen gritos de angustia por todas partes. Las fuerzas especiales aprovechan el pánico y entran para tomar control de la situación. Hay olor de pólvora, sangre y muerte. El aire que se respira es de terror, desesperación y miedo. El secuestro acaba. Resultado final: 376 muertos y 700 heridos.

Lo que describo aquí es sólo un grano de arena. El clima mundial de belicosidad es mucho más intenso. La sangre de gente inocente se derrama por todos los lados. Escenas de horror, mucho más terribles que las que aparecen en las películas, son protagonizadas en diferentes países, a veces, por motivos banales. El mundo vive la cultura de la guerra y no se trata sólo de la lucha armada de un país contra el otro.

Las personas también pelean y se matan casi sin motivo. En el momento en que escribo estas líneas los noticiosos narran la agresión de tres hombres a una mujer embarazada. Según los agresores, ellos tenían prisa y ella no les cedió el paso. El tiempo que perdieron agrediendo a la indefensa señora fue mucho más que los segundos que hubieran esperado.

Actitudes como esta puedes ver todos los días en todos los lugares. El hombre de nuestros días ya se habituó a vivir en un clima de guerra. Una de las mayores guerras de la actualidad ya diezmó miles de vidas. Gente inocente. No tenía nada que ver con los intereses políticos de los involucrados. Al principio todo el mundo seguía con interés el desarrollo de esa guerra. Hoy, a pesar de perderse cada día decenas de vidas, la gente ya perdió el interés. Pasó a ser un asunto de rutina.

En aquellas tierras o en cualquier otro lado del mundo nadie sabe quién carga una bomba. El enemigo está por todos lados. No tiene rostro. Basta ser la otra persona. Las autoridades andan con miedo. Las personas también.

Cierta vez, mientras viajaba, un pasajero del avión sentado a mi lado me dijo:

–¿Acaso no hubo guerras desde que el hombre apareció en el mundo? ¿No mató Caín a su hermano Abel sin motivo? Los países ¿no vivieron siempre en guerra? ¿Cómo puede ser eso una señal de la venida de Cristo?

Es verdad. Después de la entrada del pecado el hombre siempre vivió en un clima de guerra. Era el resultado de su propia guerra interior, de sus encuentros y desencuentros, de su alejamiento de Dios. Sin embargo, nunca en la historia se ha vivido tanta tensión y violencia como se vive hoy. Es la multiplicación de la guerra, por así decirlo.

Hace varias décadas el mundo fue estremecido por dos guerras de dimensiones gigantescas. Fueron llamadas Guerras Mundiales. Hasta entonces nada semejante había sucedido en la historia de la humanidad. Ambas guerras fueron devastadoras. La primera mató a 10 millones de personas y la segunda acabó con la vida de 55 millones de seres humanos. En aquella ocasión, en una transmisión radiofónica desde Hiroshima en 1945 después de lanzada la primera bomba atómica, William Ripley afirmó: "Estoy parado en el lugar donde empezó el fin del mundo". Sin embargo esas guerras no eran la señal del fin. Jesús lo había dicho: "Y oiréis de guerras y rumores de guerras; mirad que no os turbéis, porque es necesario que todo esto acontezca; pero aún no es el fin".[3]

El clima de guerra que vivimos en nuestros días no se limita a conflictos internacionales. Lo que mina la estructura intestina de los países hoy son las luchas internas. Las guerras internacionales están pasando a ser la excepción. De los 56 conflictos armados importantes que se registraron en la década pasada, sólo 3 fueron conflictos entre un país y otro. Todos los demás fueron luchas internas; aun cuando en 14 de ellos intervinieron tropas extranjeras apoyando a uno u otro lado.[4]

Por otra parte, mientras que la primera mitad del siglo pasado estuvo dominada por guerras entre países ricos, la mayoría de los conflictos internos, contemporáneos, ocurre en los países más pobres del mundo. Naciones que luchan terriblemente contra el hambre, desperdician dinero y energía luchando entre hermanos.[5]

Estudios realizados por especialistas muestran que existe relación entre los conflictos armados y el hambre mundial. Un problema lleva al otro. El planeta está siendo tragado por un tornado violento del cual nadie escapa. Las catástrofes naturales y las guerras de un lado, la amenaza de recesión financiera que lleva a millones de personas a la miseria y al hambre del otro, y en el medio el ser humano sin saber para dónde ir ni qué hacer. Este es el retrato del hombre del siglo XXI.[6]

En nuestros días hay muchos países que sufren conflictos internos así llamados guerrillas reivindicatorias. Estas luchas fratricidas desestructuran la vida de los habitantes de un país. En esas luchas sociales las personas más afectadas son las menos culpables. Generalmente los conflictos internos se desarrollan en las zonas rurales, donde vive el humilde y desprotegido campesino.

Las guerrillas perturban la producción de alimentos y provocan el hambre, y todo debido a la destrucción material y al saqueo de cultivos, ganado, cosechas y reservas alimentarias de los campesinos. Por otro lado, los movimientos revolucionarios constantes impiden trabajar, desaniman a los agricultores e interrumpen las vías de transporte a través de las cuales se vende la producción.

Los jóvenes son obligados a unirse a las guerrillas. Se apartan del sector productivo y abandonan los trabajos que generan ingresos. Como consecuencia, el hambre aumenta, incluso mucho tiempo después de que la violencia disminuye. ¿Qué se puede hacer en una tierra donde los bienes han sido destrozados, las personas han sido muertas y heridas, las poblaciones han emigrado para escapar del peligro y los daños al medio ambiente han sido irreparables?[7]

Aun más terribles son las minas diseminadas por las

tierras agrícolas, que matan y mutilan a las personas, y las desaniman de cultivar durante años y décadas.

Durante algún tiempo, después de la Segunda Guerra Mundial, se pensó que el mundo tendría paz. Habían disminuido los gastos en armas y las naciones soñaban con un mañana mejor. Durante esos años el gasto en armas disminuyó en un 37%, y todos creían que estábamos entrando a una era de concordia internacional.[8]

Pura ilusión. La profecía decía que las cosas irían de mal en peor: "...cuando digan: Paz y seguridad, entones vendrá sobre ellos destrucción repentina...";[9] y así fue. El sueño acabó en 1988. A partir de ese año la compra de armas por parte de los países volvió a aumentar: el 2% en 1999 y el 3% en el año 2000. Hoy llega a la escandalosa cifra de 835 mil millones de euros por año; 15 veces más que el volumen de ayuda humanitaria internacional. Para colmo de males ese aumento fue más fuerte en las regiones supuestamente menos ricas. Son ellas las que más gastaron en compra de armas.[10]

Los nuevos pedidos hechos en el comercio de armas crecieron escandalosamente en los últimos años. Irónicamente, los cinco primero proveedores de armas son miembros permanentes del consejo de seguridad de la ONU. ¿Puedes imaginar que habrá paz de esa manera?[11]

–Yo no siento nada de eso –me decía el otro día un joven universitario.

Tal vez no lo sientas porque vives en la ciudad. Estás acostumbrado a otro tipo de violencia, del cual sí tienes conciencia. Andas con miedo, temes transitar por lugares oscuros cuando la noche llega. Hay barrios de tu propia ciudad adonde no tendrías el valor de ir, aun cuando fuera de día. Eso quiere decir que la violencia urbana, la otra guerra sin cuartel, está presente todos los días en la experiencia del hombre de la ciudad.

Si piensas que las guerras sólo están en los países de Medio Oriente o en las montañas de difícil acceso donde se esconden las guerrillas organizadas, estás completamente equivocado. Es verdad que en la más grande guerra de nuestros días, de acuerdo con datos de la Organización Mundial de Salud, ya murieron 226.000 personas desde que comenzó la lucha. Los muertos durante la invasión a otro país llegaron a 11.405, incluyendo a militares, guerrilleros y civiles. Pero en un gran país del mundo, en una guerra silenciosa y callada, son asesinadas 48.000 personas por año como resultado de la delincuencia.[12] El crimen organizado fue capaz de paralizar una megametrópoli y matar en un solo día a casi 20 policías que estaban de servicio. Y nadie diría que hay guerra en ese país. Sin embargo, la mafia del robo de cargas domina las rutas, el narcotráfico de drogas controla los barrios pobres, la mafia del tráfico de armas y el contrabando ejercen poder en las fronteras. Y todo esto genera pánico entre los ciudadanos. Sin embargo, el país no está en guerra.[13]

Con un promedio de 500 secuestros relámpago por mes (más de 16 por día), otra gran metrópoli es una de las ciudades con mayor riesgo en el mundo. La industria del secuestro mueve, en esa ciudad, 70 millones de dólares por año, y la clase media se ve obligada a usar blindaje especial como si fuese un accesorio más del vehículo.[14]

La misma situación se repite en otras grandes ciudades del planeta. Sólo el último año, 4,2 millones de personas fueron víctimas de la delincuencia en una ciudad. Cualquier otra metrópoli del mundo podría mostrar sus heridas abiertas y sus estadísticas crueles. Serían denuncias de una realidad grotesca: la violencia diaria que se vive en las calles.[15]

Las palabras de Jesús se están cumpliendo al pie de la letra. Guerras y rumores de guerras. Guerras fratricidas, locas y sin sentido. Guerras que nacen en las profundidades del corazón humano. El hombre y la mujer se esfuerzan por entender lo que sucede dentro de sí, pero no lo logran.

En 1984 dirigí una cruzada evangelizadora en el Estadio Nacional de Lima. Cuarenta mil personas llenaban el estadio todas las noches. Gente deseosa de escuchar las buenas nuevas del evangelio. Un mes después recibí la carta de un militante del movimiento guerrillero que llevó tanto dolor a mi pueblo. La carta decía: "Estuve en el Estadio Nacional, no porque me interesara lo que usted iba a hablar. Estuve allá cumpliendo una misión asignada por mi grupo. Estamos presentes en todos los lugares, con los ojos y los oídos abiertos. Aquel día fui al estadio cumpliendo una rutina. Yo no soy malo. Soy simplemente un soñador. Sueño con un país libre, donde los niños nazcan con esperanza, y no condenados a una vida de explotación y miseria. Desgraciadamente, para construir ese país es necesario destruir la sociedad establecida. Yo pensaba que para eso había que pagar el precio, y el precio era el derramamiento de sangre de gente inocente. Pero aquella noche le oí hablar de Jesús. Descubrí que toda la sangre que era necesario que fuera derramada para construir una nueva sociedad ya había sido derramada en la cruz del Calvario. Pero ¿qué quiere usted que haga ahora con el recuerdo de mis crímenes? ¿Qué hago con las pesadillas que me consumen de noche? ¿Cómo saco de mi mente la imagen de gente inocente que suplica de rodillas que no la mate? ¿Adónde voy con mi dolor, con mi pasado, con el peso terrible de mi culpa?"

Este fue siempre el grito desesperado del corazón humano. ¿Qué hago? ¿Qué haré? ¿Adónde voy? En medio de ese torbellino de luchas y aflicciones, yo te invito a escuchar la voz mansa de Jesús: "La paz os dejo, mi paz os doy, yo no os la doy como el mundo la da. No se turbe vuestro corazón, ni tenga miedo".[16] En los tiempos de conflictos y guerras en que vivimos, no puede haber invitación más dulce.

¿Aceptarás la invitación?

La respuesta es sólo tuya.

Cuando el ser humano contempla la triste realidad de este mundo en conflicto, no puede aceptarla desde ningún punto de vista. Por una simple razón: el hombre no fue creado para la guerra, aunque viva permanentemente en ella. El ser humano salió de las manos del Creador para vivir en paz y armonía consigo mismo, con los seres amados y con las otras personas. Pero algo sucedió a lo largo del camino, algo que deformó su mundo interior. Se ha vuelto violento por naturaleza. Hiere a los que encuentra en su camino y hace sufrir a los que están a su lado, pero en el fondo carga la nostalgia de la paz, porque la paz es el destino glorioso para el que fue creado.

Al contemplar a diario el cuadro desolador de sangre, al ver a sus hijos inocentes muriendo en una guerra loca y sin sentido, muchas veces el hombre se pregunta:

"¿Hasta cuando?" Es entonces cuando la imaginación humana crea posibles soluciones. Una de ellas podría ser la aparición de un personaje aceptado universalmente y que fuera capaz de establecer la armonía entre las naciones. Alguien que conquistara la simpatía y admiración de todo el mundo de modo que, cuando pidiese a los hombres que vivan en armonía y paz, todos le obedecieran.

Pero la Biblia afirma que ningún ser será capaz de hacer eso. Al contrario, es clara al decir: "Pero acerca de los tiempos y de las ocasiones, no tenéis necesidad, hermanos, de que yo os escriba. Porque vosotros sabéis perfectamente que el día del Señor vendrá así como ladrón en la noche; que cuando digan: 'Paz y seguridad', entonces vendrá sobre ellos destrucción repentina, como los dolores a la mujer encinta, y no escaparán" (1 Tesalonicenses 5:1-3).

La entrada del pecado contaminó este mundo hasta sus mismas raíces. El ser humano es malo por naturaleza. Cada célula de su existencia trae la miserable mancha del egoísmo. Inconscientemente mira a los otros seres como competidores o como enemigos. No confía, y está siempre listo para defenderse y atacar. Por tanto, la solución debe venir de fuera de la esfera terrenal. La solución es divina y celestial. Es el retorno glorioso de Cristo a esta Tierra. Un Cristo victorioso que no pisará la Tierra contaminada por el pecado. San Pablo, describiendo este evento, es claro al decir: "Luego nosotros los que vivimos, los que hayamos quedado, seremos arrebatados juntamente con ellos en las nubes para recibir al Señor en el aire, y así estaremos siempre con el Señor" (1 Tesalonicenses 4:17).

¿Te has dado cuenta? Jesús no pisará esta Tierra en ocasión de su segunda venida. Recibiremos al Señor "en el aire", dice Pablo. Nadie andará en la Tierra promoviendo la paz, por más que ese sea un pensamiento alentador.

Ah, mi querido, el día está llegando. La muerte provocada por la lucha irracional de los seres humanos no arrancará nunca más a un ser querido de tus brazos. No habrá más dolor, ni sufrimiento, ni lágrimas. Jesús volverá para colocar un punto final a la historia del pecado y las guerras. La gran guerra entre el bien y el mal habrá llegado al fin, y en la nueva Tierra de paz eterna tu lugar ya está reservado. Sólo acepta a Jesús como tu Salvador.

Referencias:

[1] José Eduardo Varela, "O masacre dos Inocentes", *Revista VEJA*, Edición Nº 1.870 (12 de septiembre de 2004).

[2] S. Mateo 24:6.

[3] S. Mateo 24:6, 7.

[4] Secretario de Estado Sigrun Mogedal, Ministro de Asuntos Exteriores de Noruega (2001), "The Economics of Civil War", documento presentado en la Conferencia sobre Economía y Política de la Guerra Civil, Oslo, Noruega.

[5] *Ibíd.*

[6] FAO, "Plan de Acción de la Cumbre Mundial sobre la Alimentación. Diálogo entre las diversas partes interesadas" (10-13 de junio de 2002).

[7] Más de 4 millones de personas han perecido en conflictos violentos desde 1989, y 37 millones han tenido que desplazarse ya sea dentro de sus países o fuera de ellos como refugiados. Las minas terrestres causan más de 25 mil víctimas cada año, y obstaculizan la reconstrucción y el desarrollo (Banco Mundial, 2000).

[8] Los datos sobre el gasto militar y el comercio de armas fueron tomados de las siguientes fuentes: *Conversion Survey 2001* (Centro

Internacional de Conversión de Bonn); *Annual Report 2001* (Instituto Internacional para la Investigación de la Paz en Estocolmo); *The Militar Balance 2001/2002* (Instituto Internacional de Estudios Estratégicos); Base de datos *World Military Expediture and Arms* (Organismo de Control de Armamento y Desarme de Estados Unidos).

[9] 1 Tesalonicenses 5:3.

[10] *Ibíd.*, cita Nº 8.

[11] Juan Carlos Casté, "Conferencia mundial sobre la alimentación", celebrada en Roma en 1974, www.catolicismo.com.br/

[12] "Violencia: O Qué fazer?", http://opiniaopublica.com.br/interna.php

[13] *Ibíd.*

[14] "Industria do Secuestro Asola América Latina", www.forumseguranca.org.br/

[15] "Situación actual de la delincuencia en México", www.campusanuncios.com/detanuncio-91009X-situacion-actual-Madrid.html.

[16] S. Juan 14:27.

3

Mensaje falsificado

"Se levantarán falsos Cristos, y falsos profetas, y harán grandes señales y prodigios, de tal manera que engañarán, si fuere posible, aun a los escogidos" (S. Mateo 24:24).

Se mueve con ademanes estudiados. Habla con ironía y desfachatez. Usa un reloj incrustado en brillantes. Se traslada de un lado a otro en vehículos de lujo y vive en una mansión de siete millones de dólares. Dice ser la reencarnación de Cristo, y cuando los periodistas le preguntan por qué viste ropas caras si Jesús anduvo en la Tierra con una túnica vieja y un par de sandalias gastadas, responde: "En mi primera venida estuve aquí para sufrir y morir. Ahora he regresado para reinar".

Su nombre, José Luis de Jesús Miranda. Nació en Puerto Rico y usa dos tatuajes con los números 666 en ambos antebrazos. Alega ser, al mismo tiempo, el anticristo. La razón es que enseña un mensaje diferente del que predicaba cuando era el Cristo sufridor. Según él, "ahora es un rey reencarnado y victorioso".[1]

Miles de seguidores lo aclaman en varios países. Le dan abultadas cantidades de dinero y lo tratan como a un dios. Entrevistados, ellos argumentan que él los liberó de la culpa. Enseña que ya no existe mal ni pecado. Según él, en su primera venida habría pagado el precio del pecado y acabado con el mal. Su mensaje es agradable a los oídos del hombre moderno.

No es el único. En una casa del barrio Boqueirao, en Curitiba, República del Brasil, se abre una cortina roja y aparece, de túnica blanca, manto rojo, corona de espinas en la cabeza y un cetro de madera en la mano izquierda, el ex verdulero Luri Thais, de 49 años. Sentado en un trono proclama con voz impostada: "Yo soy Inri Cristo, el hijo de Dios, la reencarnación de Jesús, el camino, la verdad y la vida".[2]

Desde hace varios años Inri Cristo peregrina por el mundo. Ya viajó bastante. Estuvo en varios países. Fue expulsado de Inglaterra y recibido en Francia. En los últimos años estableció la sede de su movimiento en la ciudad de Brasilia.

Tampoco es el último. En un remoto rincón de Siberia, en una ciudad pequeña llamada "Vivienda del Amanecer", un hombre apacible de túnica blanca, cabello castaño largo y tímida sonrisa mezclada de enigma y beatitud dice ser el Cristo, que ya volvió para salvar a la humanidad. No lo dice a todos, sólo a sus discípulos. Éstos se pueden contar por miles y lo adoran como a un verdadero Dios. Ven en él a la reencarnación de Jesucristo. Su nombre verdadero es Sergio Torop, ex soldado ruso. Se hace llamar Vissarión: "el que da nueva vida".

Kevin Sullivan, periodista estadounidense, publicó en el *Washington Post* una entrevista con varios discípulos de Vissarión. Quedó sorprendido por las respuestas. Lula Derbina, por ejemplo, fue traductora de la Cruz Roja Internacional y vio en él al nuevo Maestro que esperó toda su vida. "Creo que es Jesucristo. Lo sé, como sé que estoy respirando", declaró ella.

Galina Oshepkova, de 54 años, se había divorciado recientemente y tenía dos hijos cuando alguien le mostró un video. En el video escuchó a Vissarión afirmar que había vuelto a la Tierra porque la gente se había olvidado de las palabras y las enseñanzas que dejara dos mil años atrás. "Sentí que mi corazón latía con fuerza y supe: 'Esta es la verdad', es él. Es la segunda encarnación de Cristo", afirma la mujer, convencida.[3]

Al mencionar Jesús a los falsos Cristos como una señal de su retorno a la Tierra, es evidente que no se estaba refiriendo sólo a estos personajes folclóricos o a tantos otros que aparecieron en el pasado y aparecerán en el futuro.

El Señor Jesús mencionó también a falsos profetas. Gente que se considera enviada por Dios y ofrece a los hombres soluciones instantáneas para sus problemas. Venden promesas de curaciones milagrosas y prosperidad financiera. Alegan que las bendiciones sólo serán recibidas por los que tengan fe, y que la fe se mide por la cantidad de dinero que las personas dan. En los últimos años han proliferado este tipo de "profetas". Aparecen todos los días. Aprendieron a usar la radio y la televisión para alcanzar al público. Han construido verdaderos imperios financieros.

El argumento que usan para apoyar sus afirmaciones es el "testimonio" de las personas en cuya vida se realizó el milagro. Incluso citan la Biblia para afirmar que nadie haría estas cosas si el Espíritu de Dios no estuviera con ellos. Jesús los describió de la siguiente manera: "No todo el que me dice: Señor, Señor, entrará en el reino de los cielos, sino el que hace la voluntad de mi Padre que está en los cielos. Muchos me dirán en aquel día: Señor, Señor, ¿no profetizamos en tu nombre, y en tu nombre echamos fuera demonios, y en tu nombre hicimos muchos milagros? Y entonces les declararé: Nunca os conocí; apartaos de mí, hacedores de maldad".[4]

Es increíble. Gente que realizó milagros e hizo maravillas en nombre de Jesús recibe la desaprobación divina. No hicieron la voluntad del Padre. Actuaron de acuerdo con su propia manera de ver las cosas.

En cierto modo, todos estos profetas y personas que se dicen ser el Cristo son un cumplimiento de la profecía, pero el asunto va más allá de personajes delirantes o de aprovechadores que se benefician con la credulidad, el fanatismo o la falta de información del pueblo.

Cuando Jesús habló de falsos Cristos dijo que éstos harían "grandes señales y prodigios, de tal manera que engañarán, si fuere posible, aun a los escogidos".[5] Esto es algo serio. Los escogidos –los que aceptan la invitación de Dios de apartarse de la mentira y el error y vivir sólo por la verdad– no serían fácilmente engañados por una curación milagrosa o simplemente porque alguien dice que es el Jesús reencarnado.

Si gente esclarecida va a ser víctima del engaño es porque el asunto es más complicado de lo que se imagina. Aquí la palabra clave es "engaño". De acuerdo con la declaración de Jesús, en los tiempos finales se preparará un engaño tan bien armado que incluso afectará a los escogidos. ¿Quién estará detrás de este engaño y cómo sucederá eso? La Biblia tiene la información necesaria. Dios no podría haber dejado sin orientación a las personas sinceras que desean encontrar la verdad.

En el libro de Apocalipsis encontramos que el autor

del engaño maestro de los últimos tiempos será el mismo que en el principio arrastró a una tercera parte de los ángeles del cielo usando la seducción y la mentira. San Juan lo describe de la siguiente manera: "Y fue lanzado fuera el gran dragón, la serpiente antigua, que se llama diablo y Satanás, el cual engaña al mundo entero; fue arrojado a la tierra, y sus ángeles fueron arrojados con él".[6]

Nota que una de las características de este personaje maligno es que "engaña al mundo entero". Su especialidad es el engaño. Él no obliga a las personas a hacer algo que no desean. Ellas lo siguen porque quieren. Creen lo que él enseña. Están convencidas de que él tiene razón.

El instrumento que este personaje usa para llevar a las multitudes a seguirlo voluntariamente es la seducción y la mentira. El Señor Jesús describió a este engañador como alguien que "...no ha permanecido en la verdad, porque no hay verdad en él. Cuando habla mentira, de suyo habla; porque es mentiroso, y padre de mentira".[7]

La batalla final, que el Apocalipsis llama Armagedón y que sucederá antes de la venida de Cristo, no será una batalla con cañones o misiles. No será de Oriente contra Occidente, ni socialismo contra capitalismo. La última batalla de los siglos será entre la realidad y la ficción, entre la verdad y la mentira, entre el bien y el mal. Y el campo de batalla será el corazón humano.

Este enemigo, mentiroso por naturaleza, tratará de engañar al mayor número de personas en los días finales de la historia, incluso a los más precavidos. Para lograrlo, naturalmente, no se presentará como es. Si lo hiciera, nadie iría con él. El apóstol San Pablo dice que el enemigo vendrá camuflado: "...No es maravilla, porque el mismo

Satanás se disfraza como ángel de luz".[8] ¿Puedes ver? Se vestirá como un "ángel de luz". Será un personaje espiritual, religioso, obrador de "señales y prodigios". De otro modo los "escogidos" nunca caerían en sus artimañas.

El apóstol Pablo describe la manera en que actuará el engañador en los días finales: "Pero con respecto a la venida de nuestro Señor Jesucristo, y nuestra reunión con él, os rogamos, hermanos, que no os dejéis mover fácilmente de vuestro modo de pensar... Nadie os engañe en ninguna manera; porque no vendrá sin que antes venga la apostasía, y se manifieste el hombre de pecado, el hijo de perdición, el cual se opone y se levanta contra todo lo que se llama Dios o es objeto de culto; tanto que se sienta en el templo de Dios como Dios, haciéndose pasar por Dios".[9]

Este texto es clave para entender el asunto. San Pablo afirma que el Señor Jesús no vendrá antes de que "venga la apostasía y se manifieste el hombre de pecado". ¿Quién es este "hombre de pecado"? ¿A quién se refiere el apóstol? ¿De qué apostasía habla y cuándo sucederá eso?

El propio Pablo menciona otras características de ese "hombre de pecado". Dice que "se opone y se levanta contra todo lo que se llama Dios y es objeto de culto". Pero se levanta contra Dios de una forma extraña. Se "opone" sin oponerse. No habla contra Dios sino que se disfraza, se hace "pasar por Dios", "se sienta en el templo de Dios, como Dios". Pero no es Dios. Desdichadamente, las multitudes le creen, lo siguen y aceptan lo que él enseña. Y al hacerlo, lógicamente, caen en la apostasía.

¿Conoces, en nuestros días, algún poder religioso que se atribuya poderes divinos? ¿Has visto alguna institución religiosa que pretenda tener o considere que tiene autoridad suficiente como para "cambiar" lo que está escrito en la Palabra de Dios? Esto es preocupante. El día que tú veas que un ser humano se sienta en un trono y se hace pasar por representante de Dios, puedes saber que es parte del cumplimiento de la profecía bíblica.

Jesús dijo que la hora de su retorno estaría próxima cuando se viera "en el lugar santo la abominación desoladora de que habló el profeta Daniel (el que lee, entienda)".[10] La frase "el que lee, entienda" está en el texto entre paréntesis. No todos entenderán. Va a depender de la actitud con que el ser humano busque la verdad. Dios sólo se revela a los que lo buscan con sinceridad y humildad de corazón.

Y ¿de qué abominación desoladora había hablado el profeta Daniel? Para saberlo necesitamos ir al libro de Daniel. Él había mencionado a un poder religioso que "hablará palabras contra el Altísimo, y a los santos del Altísimo quebrantará, y pensará en cambiar los tiempos y la ley..." Un poder que "se engrandeció hasta el ejército del cielo... Aun se engrandeció contra el Príncipe de los ejércitos... y echó por tierra la verdad, e hizo cuanto quiso, y prosperó".[11]

Observa que, en algún momento de la historia, este poder religioso intentaría mudar "los tiempos y la ley" y echaría "por tierra la verdad". ¿Por qué tiene tanto odio contra la verdad? Porque por detrás de este poder está el padre de la mentira. La verdad y la mentira son como la luz y la oscuridad, no pueden andar juntas. El enemigo de Dios inventaría una ley falsa, mentirosa, para llevar la atención de las personas lejos de la ley verdadera.[12] Todo eso usando sus armas preferidas: el engaño y la seducción.

Engaño es la palabra clave. El diccionario define engaño de esta forma: "Dar a la mentira apariencia de verdad. Inducir a otro a creer y tener por cierto lo que no lo es". El engaño te conduce al error, te extravía. En el capítulo 24 de San Mateo, Jesús repite la advertencia contra el engaño cuatro veces, tal vez porque el engaño será el instrumento más poderoso del enemigo en los últimos tiempos.

El apóstol Pablo continúa la explicación de este "hombre de pecado" diciendo que sus seguidores se perderían "por cuanto no recibieron el amor de la verdad para ser salvos. Por esto Dios les envía un poder engañoso, para que crean la mentira, a fin de que sean condenados todos los que no creyeron a la verdad".[13] ¿Observaste la importancia que el apóstol le da a la verdad? En el fin de los tiempos hay gente que se perderá porque "no recibió la verdad"; prefirieron "creer la mentira".

A esta altura conviene hacerse preguntas: ¿De qué verdad habla Pablo? ¿Dónde está esa verdad? Jesús respondió esa pregunta muchos siglos atrás. Al orar en favor de sus discípulos dijo: "Santifícalos en tu verdad; tu palabra es verdad".[14]

Hay momentos en los cuales es preciso parar y pensar. Confrontarse con la verdad puede ser doloroso, porque la verdad siempre es un mundo de posibilidades que lleva hacia lo desconocido, y eso provoca miedo. Pero ¿imaginaste qué habría ocurrido si Newton no hubiese querido saber la verdad cuando una manzana le cayó sobre la cabeza? ¿Qué habría pasado si un día Cristóbal Colón no hubiese decidido partir rumbo a lo desconocido?

La Biblia afirma que, desgraciadamente, en los días previos a la venida de Cristo habrá mucha gente que preferirá vivir en la mentira. Quizás eso sea más cómodo y menos doloroso. A veces las personas actúan como el paciente que sabe que está con cáncer y prefiere que el médico no se lo diga, esperando que el hecho de ignorar la verdad pueda disminuir la gravedad de su realidad.

Pero el apóstol va más allá. Él dice que en los postreros días, poco antes del retorno de Jesús, este "hombre de pecado" realizará el engaño más grande, la obra maestra de la mentira: imitará el regreso de Cristo. Lo dice así: "...Se manifestará aquel inicuo... cuyo advenimiento es por obra de Satanás, con gran poder y señales y prodigios mentirosos y con todo engaño de iniquidad para los que se pierden, por cuanto no recibieron el amor de la verdad para ser salvos".[15] ¿Sabes de lo que se habla aquí? De una falsificación. Una imitación del retorno de Cristo tan bien hecha que podrían ser engañados aun los escogidos.

Es interesante notar la palabra advenimiento. Pablo la usa para referirse a la aparición mentirosa del inicuo, pero es la misma palabra griega, *parusía*, que el Nuevo Testamento usa para referirse a la manifestación gloriosa del Señor Jesucristo. ¿Coincidencia? No. El apóstol usa esa palabra a propósito, para enfatizar la imitación casi perfecta de la venida de Cristo que realizará el "hombre de pecado". Todo ha sido planeado por el "inicuo" con minuciosidad, para hacer creer a las multitudes que su imitación es la verdadera venida de Jesús.

Esta será la obra maestra del engaño satánico. El mundo está siendo preparado para eso. Observa la temática de las películas, la literatura y los juegos electrónicos que consumen millones de seres humanos. Vivimos en la cultura de lo mágico, lo sobrenatural y lo extraterrestre. Los niños llegan al punto de tomar esas cosas como realidad. Por otro lado, nota los fenómenos paranormales que realiza el espiritismo. ¿Por qué las personas no podrían creer en un espíritu maligno disfrazado de Cristo y que hace cosas espectaculares?

Nota dos pensamientos más del texto. El primero es el siguiente: esta parusía falsa es "por obra de Satanás." Hay un poder sobrenatural por detrás de esa falsificación. Es una obra maligna. Puede venir acompañada por señales y prodigios, pero es maligna. Ya lo dijo Juan, al describir a este poder satánico, en el libro de Apocalipsis: "También hace grandes señales, de tal manera que aun hace descender fuego del cielo a la tierra delante de los hombres. Y engaña a los moradores de la tierra con las señales que se le ha permitido hacer..."[16] ¿Te das cuenta? Este poder "engaña a los moradores de la tierra". Las personas se rinden ante las señales y los prodigios. Aceptan el engaño como si fuese la verdad de parte de Dios.

Los milagros y los prodigios no son necesariamente evidencia de que Dios está detrás de esas "maravillas". Cualquier ser humano corre el riesgo de ser engañado y servir de instrumento del mal, pensando que está haciendo las cosas en el nombre de Jesús.

El otro pensamiento es que este engaño funciona sólo con los que no tuvieron "el amor a la verdad". Con aquellos que rechazaron la palabra de Dios, que no quisieron recibirla. Por miedo, por preconcepto o por cualquier otro motivo. Se negaron a aceptar la verdad. La verdad sólo se encuentra en la Palabra de Dios.

Fue por causa de la falsificación de su venida que Jesús advirtió a sus discípulos: "Entonces, si alguno os dijere: Mirad, aquí está el Cristo, o mirad, allí está, no lo creáis... Ya os lo he dicho antes. Así que, si os dijeren: Mirad, está... en los aposentos, no lo creáis".[17]

Conversando hace poco con Armando Juárez, escritor mexicano residente en Estados Unidos, me decía: "Imagínate. ¿Qué sucedería si un día una nave espacial posara en alguna gran capital del mundo y todos los medios de comunicación enviaran sus reporteros para cubrir la noticia en vivo y, ante los ojos del mundo entero, saliera alguien de apariencia radiante, espectacular y carismática afirmando ser el Cristo? ¿Quién se atrevería a dudar, si todos están viendo y puede ser probado científicamente?"

La única vacuna contra los engaños del enemigo es el conocimiento de la Palabra de Dios. Jesús dijo: "Conoceréis la verdad, y la verdad os hará libres";[18] pero vivimos en tiempos en los que las personas prácticamente desconocen la verdad. Ignoran la Biblia. No saben lo que dicen las Escrituras. El ser humano de nuestros días prefiere correr a las librerías y comprar productos de la imaginación humana. Prefiere dar crédito a historias fantasiosas antes que tomarse el trabajo de estudiar lo que la Biblia enseña.

El Señor Jesucristo describió para sus discípulos cómo sería su venida. Lo hizo con claridad meridiana: "Porque como el relámpago que sale del oriente y se muestra hasta el occidente, así será también la venida del Hijo del Hombre".[19]

La venida de Jesús será un acontecimiento visible para todo el mundo. Millones y millones de personas que habitan este planeta lo contemplarán viniendo en gloria. "Todo ojo lo verá", afirma el apóstol Juan. Después trata de describir con palabras humanas lo que el Señor le mostró en visión: "Entonces vi el cielo abierto; y he aquí un caballo blanco, y el que lo montaba se llamaba Fiel y Verdadero". ¿Notas? Este es el "Verdadero". El auténtico, el genuino. El otro es la imitación, el padre de la mentira, el engañador.

Juan sigue describiendo: "Sus ojos eran como llama de fuego, y había en su cabeza muchas diademas; y tenía un nombre escrito que ninguno conocía sino él mismo... Y su nombre es: EL VERBO DE DIOS. Y los ejércitos celestiales, vestidos de lino finísimo, blanco y limpio, le seguían en caballos blancos... Y en su vestidura y en su muslo tiene escrito este nombre: REY DE REYES Y SEÑOR DE SEÑORES".[20]

Este es el momento glorioso de la humanidad. Cristo regresa a la Tierra para ponerle un punto final a la historia del pecado. No más dolor. No más llanto. La muerte no arrancará otra vez a un ser querido de tus manos. Las tristezas, los dramas y las tragedias de esta vida habrán llegado a su fin.

Cuando era niño, un día huí de casa por miedo al castigo. Había cometido una falta y sabía que arreglaría las cuentas con mamá. Corrí, corrí y corrí. Corrí pensando que si iba al lugar más distante de la tierra mi madre no me encontraría. Corrí creyendo que allá, en el punto infinito del horizonte, donde el cielo se une con la tierra, podría esconderme de mis propios errores. Tenía miedo de parar. Corrí sin saber hacia dónde. Simplemente, corrí.

El día agonizaba en los trigales maduros de mi tierra. Las sombras de la noche se mezclaban con mis miedos y me aprisionaban. El canto amedrentador de las lechuzas parecía la carcajada siniestra de la noche. Estaba cansado, con frío y con hambre. Me acurruqué debajo del umbral de una casa abandonada y fui vencido por el cansancio. No sé cuánto tiempo dormí. Solamente sé que desperté asustado. Alguien me acariciaba el rostro dulcemente. Era mi madre.

–Ya está bien, hijo –susurró a mis oídos con ternura–, ya corriste demasiado; llegó la hora de volver. Vamos a casa.

Esta es la verdad más hermosa de todos los tiempos. Tú también ya corriste demasiado, ya sufriste, ya lloraste. Ya te heriste los pies en la arena caliente del desierto de esta vida. Ya está bien, hijo, te dice Jesús. Llegó la hora de volver. Vamos a casa.

¿Aceptarás la invitación?

La respuesta es sólo tuya.

Referencias:

[1] "Pastor with 666 tattoo claims to be divine", www.cnn.com/2007/US/02/16/miami.preacher/

[2] "Profetas ou malucos?", www.terra.com.br/istoe/politica/143729.htm

[3] "Russian Orthodoxy and Religious Pluralism: Post-Soviet Challenges", www.cerc.unimelb.edu.au/publications/CERCWP012003.pdf

[4] S. Mateo 7:21-23.

[5] S. Mateo 24:24.

[6] Apocalipsis 12:9.

[7] S. Juan 8:44.

[8] 2 Corintios 11:14.

[9] 2 Tesalonicenses 2:1-4.

[10] S. Mateo 24:15.

[11] Daniel 7:25; 8:10-12.

[12] Para saber lo que dice la verdadera Ley, escrita por el propio dedo de Dios, lee Éxodo 20:3 al 17.

[13] 2 Tesalonicenses 2:10-12.

[14] S. Juan 17:17.

[15] 2 Tesalonicenses 2:8-10.

[16] Apocalipsis 13:13, 14.
[17] S. Mateo 24:23, 25, 26.
[18] S. Juan 8:32.
[19] S. Mateo 24:27.
[20] Apocalipsis 1:7; 19:11,12-14, 16.

4

Un mundo sin Dios

"Habiendo conocido a Dios, no le glorificaron como a Dios, ni le dieron gracias, sino que se envanecieron en sus razonamientos, y su necio corazón fue entenebrecido. Profesando ser sabios, se hicieron necios... ya que cambiaron la verdad de Dios por la mentira, honrando y dando culto a las criaturas antes que al Creador" (Romanos 1:21, 22, 25).

Agosto de 1995. El sol besa escandalosamente la ciudad de Nueva York. Calor intenso. ¡Cuarenta grados por lo menos! Yo trato de refrescarme con una limonada helada en un bar del Roquefeller Center.

Estoy en el corazón de Manhatan. Mi profesor, un francés nacido en Estados Unidos, bebe una cerveza. Nunca habíamos tenido la oportunidad de conversar fuera de clases. Es la primera vez que hablamos de asuntos ajenos a la vida académica. Me pregunta quién soy y qué es lo que hago. Al oír mi respuesta, su actitud amena cambia. Bebe un sorbo de cerveza, me mira como a un niño desprotegido, casi con compasión, y me pregunta sonriendo:

–¿Es posible creer en Dios en nuestros días?

Siento ironía en su voz. Sonrío y continúo bebiendo la limonada.

A partir de entonces, siempre que puede, el profesor conduce nuestra conversación al terreno religioso. Él no tiene inquietudes espirituales. Sólo quiere probarme que Dios no existe. Yo lo dejo hablar. Oír es arma mortal para esta clase de pensadores. Oírlos con atención los desconcierta, los confunde, los hace extraviarse en la maraña de sus raciocinios. Por eso lo escucho y le sonrío.

La mente de este caballero de 50 años, de aire de triunfador y aparentemente realizado en la vida, es brillante. Típicamente inquisitiva. Su capacidad de argumentar es extraordinaria. Sería capaz de probar a cualquier persona que es de noche, aunque el sol brillara en medio del cielo azul. De acuerdo con su manera de ver las cosas, él y todo lo que ha logrado en la vida prueban que el ser humano no necesita de Dios para vencer.

Los días corren. Nada mejor que el tiempo para analizar la consistencia de los conceptos. En cierta ocasión, en una de nuestras últimas conversaciones, hace un despliegue de argumentos contra la existencia de Dios. Yo considero una pérdida de tiempo continuar discutiendo el asunto. Él insiste. En silencio me pregunto qué es lo que se propone. Al ver que no se detiene, lo interrumpo:

–Está bien profesor –le digo-, imaginemos que usted tiene razón. Dios no existe. Imaginemos también que usted tiene un hijo, un único hijo de 20 años, en la flor de la existencia. Un hijo al que ama mucho y por el cual sería capaz de dar la vida. Para tristeza suya, él está sumergido en la drogadicción. Usted, como padre, ya hizo todo lo que podía para ayudarlo. Buscó los mejores especialistas, lo internó en los más calificados centros de rehabilitación, lloró, gritó y sufrió. Nada, ni nadie, es capaz de hacer cosa alguna para liberarlo de las garras del vicio, y usted me acaba de "probar" que Dios no existe. Dígame entonces, ¿qué esperanza resta para su hijo?

El hombre se mueve nervioso de un lado a otro en el sofá de cuero marrón. Sus ojos brillan más húmedos que nunca. Son ojos redondos, de mirar penetrante. Esta vez son ojos tristes. Puedo ver la emoción retratada en su rostro. Sufrimiento y dolor, quién sabe. Sin querer he tocado una herida abierta en su corazón. La herida sangra. Intenta decir algo pero no puede. Solamente se levanta, hace una venia con la cabeza, a modo de despedida, y se retira. Mientras se va, lo veo esconder con discreción una lágrima rebelde.

Al siguiente día me entero de que tiene un hijo. Un único hijo, de 20 años, completamente destruido por las drogas. Entonces creo entender su rebeldía, su extraño orgullo intelectual, incluso la ironía de sus preguntas.

Algunas semanas después, antes de retornar al Brasil, voy a despedirme de él. Me acompaña en silencio hasta el primer piso. Allí nos damos un abrazo. Ambos sabemos que nuestra conversación no ha terminado. Está emocionado. Las palabras no aparecen en sus labios, están atoradas en su garganta. De repente traga saliva y me susurra al oído:

–Pastor, usted sabe, yo no creo en Dios, pero usted sí. Por favor, pídale a su Dios que ayude a mi hijo.

Me duele la actitud del profesor estadounidense, hijo de padres europeos. Me duele verlo con los ojos llenos de lágrimas, sintiéndose impotente ante la desgracia del hijo que ama y, sin embargo, incapaz de reconocer a Dios como la única solución para su drama. Él es el retrato de la generación de los tiempos previos a la venida de Jesús. El apóstol Pablo la describe de este modo: "Habiendo conocido a Dios, no le glorificaron como a Dios, ni le dieron gracias, sino que se envanecieron en sus razonamientos, y su necio corazón fue entenebrecido".[1]

El problema básico del hombre de nuestros días es el orgullo. "Se envanecieron es sus razonamientos", dice el apóstol Pablo. El periodista español Francisco Umbral, que escribía para el periódico español *El Mundo*, comprueba la declaración del apóstol. Antes de morir escribió en su columna lo siguiente: "...Nietzsche y todos los otros que sabemos clausuraron el mundo antiguo decretando la muerte de Dios y la soledad del hombre. Esto es Modernidad, y nada la puede superar. Instituciones arcaicas, como la iglesia, están viviendo hoy apenas por motivos residuales".[2]

Umbral podría haber citado a Kant, Schopenhauer, Feuerbach, Marx o Freud para demostrar su Modernidad. No sería sorprendente. La Biblia ya lo decía tiempo atrás. En esta época llamada posmoderna, abundaría esta clase de pensamientos. Es la tendencia casi generalizada, especialmente en los países llamados desarrollados. Muchos intelectuales piensan y opinan de acuerdo con la "soberbia de su razonamiento". Les gusta ser llamados librepensadores. No quieren compromiso con nada ni con nadie. Mucho menos con alguien que nunca pudieron ver ni tocar: Dios.

Por un lado se encuentran los deístas. Ellos creen en un Dios creador que se olvidó de su creación y no interviene más en ella. Están también los agnósticos, que dudan de la existencia de cualquier tipo de Dios. Finalmente hay quienes son ateos, los que no creen en ningún tipo de Dios.

Estos tipos de pensamientos consideran a Dios un "concepto superado, arcaico, infantil". Agredir a Dios se volvió una moda. Hace poco tiempo el filósofo francés Michel Onfray escribió su *Tratado de Ateología*. Sólo en Francia vendió doscientos mil ejemplares. En un pasaje de su libro declara, lleno de suficiencia propia: "El último dios desaparecerá con el último de los hombres, y con el último de los hombres desaparecerá el temor, el miedo, la angustia, esas máquinas de crear divinidades".[3]

Tal vez Onfray crea que está revolucionado al mundo con su manera de pensar, pero no es el único. Richard Dawkins, biólogo inglés, también escribió otro suceso editorial de ese género: *Dios, un delirio*.[4] Su libro es un esfuerzo desesperado para probar que Dios no pasa de ser un mito superado por el tiempo. Además el periodista inglés Christopher Hitchens,[5] que vive en Washington, publicó *Dios no es grande*; y el filósofo estadounidense Sam Harris acaba de escribir su *Carta a una nación cristiana*.[6] En ella se defiende de las críticas que recibió después de su primer libro, en el cual considera ridícula la existencia de Dios.

Todos estos autores tienen algo en común. Para ellos el ser humano no necesita de Dios, mucho menos para ser un buen ciudadano. Dicen que la moralidad no depende de la religión y que, por tanto, un ateo puede ser ético y bueno. Eso es suficiente para ser feliz. A favor de esta tesis está la neurociencia, cuyos "descubrimientos" probaron que hasta los chimpancés tienen nociones morales, sentimientos de empatía y solidaridad, y "sin embargo no oran ni creen en Dios".[7]

El asunto en cuestión no es si el hombre que rechaza a Dios puede tener criterios morales o no. La moralidad no es patrimonio de los cristianos. Lo importante es la profecía bíblica que anuncia que, en los días finales de la historia humana, esa manera de pensar sería cada vez más frecuente. Hoy, no creer en Dios es casi regla entre los intelectuales. La revista *Nature* afirma que el 60% de los hombres de ciencia son ateos.[8]

Agnósticos aparte, si damos una rápida mirada al mundo veremos que a pesar de la incredulidad de muchos hay un aparente despertar del ser humano en favor de la religiosidad. Por ejemplo, en Holanda, reconocidamente el país europeo más agnóstico, está habiendo un aparente retorno a la oración.

Hace pocos años comenzó el llamado "Movimiento de la oración en la empresa". En ese tiempo en Holanda pocas personas prestaban atención a este movimiento. ¿Por qué deberían preocuparse? Después de todo, el destino de Holanda era convertirse en un país agnóstico, en el que la oración era considerada, como mucho, "un pasatiempo irracional, aunque inofensivo".

Sin embargo, hoy la "oración laboral" se está convirtiendo en un fenómeno aceptado; en él participan más de cien compañías. Ministerios del Gobierno, universidades y multinacionales (como Philips, KLM y ABM ANRO) permiten a sus empleados organizar encuentros regulares de oración en sus lugares de trabajo. Incluso los sindicatos han comenzado a presionar al Gobierno para que reconozca el derecho de los trabajadores a orar en su lugar de trabajo.[9]

Adjiedj Bakas, observador profesional de tendencias, y Minne Buwalda, periodista, ambos autores del estudio recientemente publicado bajo el título de *El futuro de Dios*, creen en una "recaída holandesa en la religiosidad".[10]

¿Extraordinario? Tal vez sí, tal vez no. Este aparente retorno del pueblo a la oración y a la alabanza no lo es a la Biblia. Las personas perciben que el agnosticismo no satisface las necesidades más profundas del corazón humano, y se vuelven a la emoción de la religión. No a los valores absolutos de un Dios absoluto, sino al relativismo de un dios-energía que no espera nada y simplemente da el visto bueno a la conducta que la criatura decide seguir.

Eso da origen a un cristianismo sin Cristo. El *Sunday Times* publicó una noticia que alarmó a muchos cristianos. Dirigentes eclesiásticos de un país europeo escribieron una plegaria, denominada "La resolución del milenio", para marcar la llegada del año 2000. En dicha plegaria se omite toda referencia a Dios y a Jesucristo.[11]

¿Es este el cristianismo posmoderno? ¿Es esta la conversión del agnosticismo al cristianismo o es la simple secularización del cristianismo? El apóstol Pablo mencionaba este tipo de cristianismo como una señal de los tiempos del fin al decir: "Tendrán apariencia de piedad, pero negarán la eficacia de ella".[12]

Cuando el cristianismo toma el nombre de Cristo pero no vive sus enseñanzas, pierde autoridad. Personas de religiones no cristianas que viven en Europa no aceptan el cristianismo porque ven el estado de corrupción de los líderes espirituales. Según los participantes de un encuentro de laicos católicos, denominado "Operación Movilización", los no cristianos están espantados a causa de la delincuencia, la prostitución y la pornografía que está extendida, incluso, dentro del mundo cristiano. Mónica Maggio, voluntaria cristiana, afirma que los no cristianos no le encuentran sentido al caos de la sociedad occidental y los cristianos, con su deterioro religioso, no están en condiciones de ayudarla.[13]

La revista *Reader's Digest* realizó un estudio y concluyó que, en Alemania, el 20% de las personas que se consideran protestantes y el 10% de los católicos, en realidad, son deístas.[14] Creen en Dios, pero eso no afecta su vida. Según la revista alemana *Der Spiegel*, las iglesias cristianas de Alemania cayeron en la irrelevancia. Los valores cristianos tienen cada vez menos impacto en la sociedad. De acuerdo con una encuesta reciente, sólo el 37% de la población alemana considera que la iglesia debería impartir valores morales. El público alemán considera que la policía, los partidos políticos y la organización ambientalista Green Peace están mejor calificados que las iglesias para difundir valores.[15]

La verdad es que la criatura determinó, en su corazón, no creer más en Dios, o creer en él apenas como una energía despersonalizada, una fuerza interior o simplemente un dios, con minúscula, que puede manejar a su antojo. Sacó al Dios creador, soberano y todopoderoso del escenario de su existencia.

A pesar de la actitud atrevida de la criatura, y lejos de morir, como hubiera querido Nietzsche, Dios continúa en el control de la vida y del universo. Quedó apenas "la soledad del hombre", usando las propias palabras del filósofo. ¿Qué hombre? Un hombre que se hunde cada día más en la arena movediza de su raciocinio. "Habiendo conocido a Dios, no le glorificaron como a Dios, ni le dieron gracias, sino que se envanecieron en sus razonamientos... profesando ser sabios, se hicieron necios",[16] afirmó el apóstol Pablo más de dos milenios atrás.

Volvamos a mi profesor agnóstico. Entre los argumentos que él usaba, intentando "probar" que el Dios personal que los cristianos adoran no existe, estaba la supuesta existencia de una energía cósmica que impregnaría todo lo que se mueve en el cielo y en la Tierra. En realidad, él creía en Dios pero no lo llamaba Dios; lo llamaba energía. Llevaba una cadena de oro en el pecho. En el extremo de la cadena pendía una pequeña pirámide de cristal; según él, para atraer la energía cósmica del universo. La Biblia ya describía este tipo de pensamiento, muchos siglos atrás, al decir: "Cambiaron la verdad de Dios por la mentira, honrando y dando culto a las criaturas antes que al Creador".[17]

Este hombre, de mente inquisitiva, profesor de inglés en una famosa escuela de idiomas para ejecutivos en Manhatan, había dejado de dar culto al Creador y honraba a la criatura. Su atención se dirigía a una piedra de cristal. Cuando las cosas le iban mal, tomaba la piedra y se concentraba en ella, casi con devoción, para recibir las "radiaciones energéticas". Consideraba eso más sabio e inteligente que elevar su clamor a Dios.

Esta es la realidad de nuestros días. La humanidad ha vuelto sus ojos hacia la criatura en lugar de dirigirlos al Creador. Hay gente que no sale de casa sin consultar el horóscopo. Cree que su destino está determinado por los astros.

Hace 80 años el astrólogo Llewellyn George hizo una declaración visionaria. En aquel tiempo no fue tomado en serio.

–Llegó la hora –dijo– en que las masas, como un todo, se interesen por la astrología.[18]

En una época en que las personas vivían fascinadas por el nacimiento de la tecnología y los descubrimientos científicos, las palabras de este profesor de astrología parecieron no tener mucho sentido; pero hoy, cuando vemos a millones de seres humanos con la atención dirigida a los astros, nos damos cuenta de que él no estaba engañado.

¿Cuál es la razón que lleva a las personas a buscar su destino en la astrología? La profunda necesidad espiritual del alma, el vacío interior, la falta de un sentido para la vida, más allá de valores materiales. Puede el ser humano ser inconsciente de esa necesidad, pero ella está presente en todo lo que realiza. En esas circunstancias la astrología desempeña un papel encantador. Te muestra aparentes explicaciones de tu personalidad. Te aconseja buscar dinero, amistad o amor, pero no te exige nada desde el punto de vista moral. Eso les gusta al hombre y a la mujer de nuestros días. El mundo no está muy preocupado por las coordenadas morales. Las personas quieren decidir lo que es correcto o no sin interferencias ajenas. Los principios eternos de Dios no tienen importancia. Lo único que interesa son las informaciones que yo pueda administrar a mi voluntad. No acepto que nadie me diga lo que debo hacer.

Al principio esta actitud del hombre moderno puede parecer confortable, pero el hambre espiritual del ser humano continúa. Las religiones fallaron en responder las preguntas existenciales de la vida porque se apartaron del único Libro capaz de proveer respuestas satisfactorias. Usamos la Biblia, pero la acomodamos a nuestro antojo. Escogemos lo que se adecua a nuestra manera de ser y de pensar, pero nos resistimos a adecuar nuestra vida a las enseñanzas eternas de la Palabra de Dios.

La astrología aprovecha ese vacío para marcar presencia. Lo aprovecha sin consistencia alguna. No pasa de una supuesta ciencia ligada al esoterismo. Se basa en una serie de creencias de los pueblos antiguos, quienes creían en la influencia de los astros en el destino de las personas. Esta práctica era utilizada por las elites sacerdotales y los magos de Persia. Los encantadores de aquellos tiempos realizaban diferentes previsiones, anunciando las épocas mejores para la siembra, la cosecha y otros tipos de actividades. Los reyes tenían sus astrólogos particulares, que les indicaban el tiempo oportuno para ir o dejar de ir a la guerra. Esta supuesta ciencia fue pasando de una generación a otra y en cada etapa fue adquiriendo mayor sofisticación, hasta llegar a nuestros días.

La astróloga Margaret Hone, al tratar de explicar la astrología, declara: "La astrología es un sistema particular de interpretación de la relación que existe entre la acción planetaria y la experiencia humana".[19] Desde el punto de vista de los astrólogos, las "influencias planetarias" determinan comportamientos o actitudes humanas. Es decir, ellos intentan darle fundamento científico a las especulaciones humanas, pero la astrología no es una ciencia como la astronomía. En realidad, por detrás de las interpretaciones astrológicas están los dioses de las mitologías antiguas. Los astrólogos atribuyen a los planetas características que tenían los dioses del politeísmo antiguo. Pero la cara que la astrología muestra a las personas es la cara de los astros y no la de los dioses. Y mucha gente va detrás de ella, creyendo que está corriendo detrás de la ciencia.[20]

Hoy la astrología permea de una u otra forma todas las actividades del ser humano. Se desdobló en otras disciplinas esotéricas y místicas. Hay gente que cree que el destino del ser humano depende de los números, o de las piedras preciosas, o hasta de los colores. Multitudes corren tras esas ideologías en busca de solución para sus problemas.

Las estadísticas indican que el 95% de los estadounidenses cree en la astrología, los platillos voladores, los fantasmas, los cristales y otros tipos de supersticiones. Sólo en Estados Unidos existen más de diez mil astrólogos y gente dedicada a la cartomancia. Entre sus clientes se encuentra gente famosa. El interés en asuntos de esta naturaleza es tan grande que una organización, establecida por el fallecido gurú Maharishi Mahesh Yogui, ya ganó tres mil millones de dólares.[21]

En los momentos en que escribo estas páginas, catorce adeptos de la Iglesia Ortodoxa Rusa Verdadera, que se encontraban en un refugio subterráneo hace cinco meses a la espera del fin del mundo, tuvieron que abandonar el lugar tras su hundimiento parcial. Ellos esperan el evento final de los siglos para el 8 de mayo de 2008, una fecha determinada a partir del estudio de las estrellas.

¿Quién está realmente por detrás de todo esto? Sin duda el mismo personaje que, según el relato bíblico, un día se presentó ante la primera mujer, Eva, y le hizo creer que había un poder especial en el fruto que le ofrecía. Tú y yo sabemos que en el fruto no había nada. El propósito de la serpiente no era que la mujer comiera del fruto prohibido sino que se apartase de su Creador y pusiese su atención en la cosa creada. El poder de adivinación y encantamiento de cualquier disciplina esotérica viene de alguien cuyo único propósito es el engaño.

Con relación a este asunto la Palabra de Dios es categórica: "Y si os dijeren: Preguntad a los encantadores y a los adivinos, que susurran hablando, responded: ¿No consultará el pueblo a su Dios? ¿Consultará a los muertos por los vivos?"[22]

El cristianismo debería ser el último bastión en defensa de los valores bíblicos, pero se entregó y dejó penetrar su doctrina con las teorías engañosas que nacieron en la mente diabólica. Esas doctrinas no tienen ningún fundamento bíblico.

Un ejemplo de eso es la creencia en la inmortalidad del alma. La Biblia es clara al afirmar que cuando el hombre muere acaba todo para él: "Porque los que viven saben que han de morir; pero los muertos nada saben, ni tienen más paga; porque su memoria es puesta en olvido. También su amor y su odio y su envidia fenecieron ya; y nunca más tendrán parte en todo lo que se hace debajo del sol".[23]

Si los muertos "nunca más tendrán parte en todo lo que se hace debajo del sol", ¿cómo puede volver el espíritu de un muerto? ¿Cómo alguien puede hablar con él? El rey Salomón, por inspiración de Dios, continúa diciendo: "Todo lo que te viniere a la mano para hacer, hazlo según tus fuerzas; porque en el Seol [sepulcro], adonde vas, no hay obra, ni trabajo, ni ciencia, ni sabiduría".[24]

Si en el sepulcro, que significa muerte, no hay lugar para nada más, ¿cómo alguien puede reencarnarse en otras formas de vida? ¿De dónde sale esa idea? Evidentemente, de un poder engañador, el diablo, tal como lo revela la Biblia. Lo que él quiere es confundir al ser humano. Nota que, en los últimos tiempos, todo falso Cristo afirma ser la reencarnación de Jesús. ¿No te parece curioso? ¿Crees que es pura coincidencia? ¿O existe un plan maestro por detrás de esas extrañas apariciones?

El asunto es serio. El cristiano debería tomar como única regla de fe y doctrina a la Palabra de Dios. Nadie debe aceptar pacíficamente enseñanzas espurias. Confiar en la autoridad de una iglesia y en la fuerza de la tradición puede ser fatal cuando están en juego asuntos espirituales.

Si los cristianos dejan de lado la Palabra de Dios y confían en doctrinas humanas, deterioran su fe. El resultado es la secularización del cristianismo. La palabra "secular" tiene su origen en el vocablo latino *secularis*. Significa algo que está relacionado con el presente estado de cosas, con la cultura actual, con los valores de hoy. El hombre de nuestro tiempo vive influenciado terriblemente por las experiencias científicas y tecnológicas. Estas resaltan la importancia de la materia y desembocan en filosofías materialistas. Los cristianos no están ajenos a esa influencia, se contagian y dan origen al cristianismo secularizado.

El cristiano secularizado cree en Dios, pero Dios no pasa de ser un simple nombre; un detalle, una especie de amuleto que sirve en las horas apremiantes. Pasado el peligro, no existe más compromiso con él. La persona vive como si Dios no existiera.

La única diferencia entre el pagano y el cristiano secularizado es que este último asiste de vez en cuando a la iglesia. Es, digámoslo, miembro de un club religioso. No va a la iglesia para adorar a Dios sino para observar los cultos, con la mente típica del consumidor. Si le agrada el producto, vuelve; y si no, critica y se va a buscar otra iglesia que satisfaga sus expectativas. Después de todo, él "paga" con sus ofrendas y tiene el derecho a recibir, en cambio, un producto de primera.

Los líderes, a su vez, no saben qué "producto novedoso" presentar para atraer la atención de los "espectadores". En un mundo lleno de competitividad se esfuerzan para realizar el mejor *show*. Rebajan el patrón de los principios bíblicos y dicen que Dios sólo ofrece amor. En opinión de estos líderes la gracia maravillosa de Cristo cubre cualquier deficiencia humana, incluso la vida de alguien que no reconoce su pecado ni quiere abandonarlo.

San Pablo habló del triste resultado de esta actitud humana: "Y como ellos no aprobaron tener en cuenta a Dios, Dios los entregó a una mente reprobada, para hacer cosas que no convienen".[25]

¿Qué cosas son esas "que no convienen"? Escribiendo al discípulo Timoteo, San Pablo completa su pensamiento: "También debes saber esto: que en los postreros días vendrán tiempos peligrosos. Porque habrá hombres amadores de sí mismos, avaros, vanagloriosos, soberbios, blasfemos, desobedientes a los padres, ingratos, impíos, sin afecto natural, implacables, calumniadores, intemperantes, crueles, aborrecedores de lo bueno, traidores, impetuosos, infatuados, amadores de los deleites más que de Dios".[26]

Tarde o temprano, al sacar del escenario de su vida a Dios, el ser humano también termina por retirar de su vida los límites. "Que sea eterno mientras dure", se repite a sí mismo una y otra vez. Intenta justificar un estilo de vida cuyo propósito es, apenas, agradar a los sentidos. Pero no lo logra. Se siente vacío, hueco, incompleto. Desea ser feliz a cualquier precio. Se esfuerza inútilmente por conseguirlo, y yerra el blanco.

La Biblia llama "pecado" a esa frustración. En la Sagrada Escritura la palabra pecado proviene de la expresión griega *hamartía*. Literalmente quiere decir: "errar el blanco; apuntar a un objetivo y llegar a otro". Querer ser feliz y alcanzar la infelicidad. Fallar, perderse en el camino, confundir las cosas. Pero el hombre moderno insiste en ignorar el pecado. Ha decidido llamarlo "desequilibrio interior", "fragilidad humana", "desvío de conducta", "preferencia particular"; cualquier cosa, menos pecado. Como si el hecho de cambiarle el nombre fuera la solución.

Recuerdo el concurso que la profesora hizo en la escuela, pidiendo a los niños que diesen ideas para resolver el problema de la crisis energética.

–El combustible del mundo se está acabando –les dijo–, y necesitamos sugerencias para impedir que eso ocurra.

Al día siguiente los chicos vinieron con las ideas más jocosas y absurdas.

–Hay que colocar un perro al lado de cada conductor, para que ladre cada vez que corra mucho y así no se gasta mucho combustible –dijo uno.

–Que ya no se venda más gasolina, entonces ya no se acaba –respondió otro.

Pero la respuesta más interesante fue la de Juancito:

–Vamos a cambiarle el nombre a la gasolina. Las personas comprarán otra cosa y la gasolina estará guardada.

Esa parece ser la solución que el hombre de nuestro tiempo cree haber hallado para las dificultades que enfrenta por haberse alejado de Dios. Si el ser humano salió un día de las manos de Dios, sólo estará realizado y completo cuando se vuelva a su Creador. Pero el hombre niega esta realidad. Se olvida de que es un hijo de Dios y que debe vivir como tal.

Desde pequeño percibe un mundo distorsionado. Dios es algo sin mucha importancia. En la televisión ve programas cómicos en los que se ridiculiza las cosas espirituales. Entonces crece aceptando la vida secularizada como algo normal.

En 1987 se descubrió, en las selvas de Uganda, lo que la prensa llamó "el niño mono". Todo indicaba que ese niño había vivido con una tribu de monos por lo menos por cuatro o cinco años. El muchacho, de aparentemente 6 años de edad, fue llevado al hospital y después a un orfanato, donde saltaba y se movía en círculos como un mono. Se rehusaba a comer la comida que le ofrecían y mordía a todos los que se aproximaban a él.[27]

Los estudiosos del comportamiento de este chico dijeron que si un niño vive con animales por más de cuatro o cinco años, es casi imposible que vuelva a tener un comportamiento normal. El cerebro recibe marcas que son indelebles para el resto de su vida.

Algo parecido le sucede al ser humano. Vive en un mundo lleno de racionalismo. Se olvidó de que salió de las manos de Dios. Percibe las consecuencias de vivir separado de su Creador. Ve a su familia hecha pedazos, a sus hijos esclavizados en el mundo de las drogas y de la promiscuidad. Su hogar está hecho escombros, sus ideales muertos, sus sueños hechos trizas. Es su realidad. Su triste y desesperada realidad. Realidad diaria, de cada hora, de cada minuto. Convive con ella, la carga dentro de sí, la lleva a todos los lados, sufre, pierde las ganas de vivir, y entonces busca desesperadamente la solución, inventando soluciones pasajeras que hagan disminuir la intensidad del grito angustiado de su corazón.

¡Oh, corazón triste! ¿Por qué lloras en silencio el dolor que nadie ve? ¿Por qué corres, por qué huyes, por qué te escondes? En las horas más oscuras de tu vida, cuando el dolor te quita las ganas de vivir, cuando buscas respuestas dentro de ti y no las hallas, ¿por qué no vuelves los ojos a tu Creador?

Hace más de dos mil años el Señor Jesús, contemplando el panorama espiritual de nuestros días, se preguntó: "Cuando venga el Hijo del Hombre, ¿hallará fe en la tierra?"[28] Lo que estaba queriendo decir es si los hombres todavía se acordarían de que él los amaba y los esperaba con los brazos abiertos. ¿Se acordarían?

La respuesta es sólo tuya.

Referencias:

[1] Romanos 1:21.

[2] Francisco Umbral, *El Mundo* (España), lunes 6 de octubre de 1996.

[3] Michel Onfray, *Tratado de Ateología* (Buenos Aires: Editora Argentina, 2005).

[4] Richard Dawkins, *The God Delusion* (Boston, USA: A Mariner Book Company, 2006).

[5] Christopher Hitchens, *God Is not Great. How Religión Poison Everything* (USA: Twelve Hachette Book Group, 1ª edición, mayo de 2007).

[6] Sam Harris, *Letter to a Christian Nation* (Nueva York: Vintage Books Division of Randon House, 2007).

[7] "Neurociencia", www.nce.ufrj.br/ginape/publicacoes/trabalhos/RenatoMaterial/neurociencia.htm

[8] Luis Gonzáles Quevedo, "O neo-ateísmo", www.miradaglobal.com/index.php?option=com_content&task=view&id=737&Itemid=9&lang=pt

[9] Philip Jenkins, *God's Continent: Christianity, Islam, and Europe's Religious Crisis*.

[10] Adjiedj Bakas & Minne Buwualda, "El futuro post-secular de Holanda", http://e-libertadreligiosa.net/index.php?Itemid=30&id=257&option=com_content&task=view

[11] *Sunday Times*, viernes 31 de diciembre de 1999.

[12] 2 Timoteo 3:5.

[13] "Operación movilización", www.mnnonline.org/es/article/9582

[14] "Ateos en Alemania", *Reader's Digest* (22 de octubre de 2006).

[15] *Der Spiegel* (N° 13, 2006).

[16] Romanos 1:21, 22.

[17] Romanos 1:25.

[18] Llewellyn George, *A to Z Horoscope Maker and Delineator* (Minn.: Rev. St. Paul, 1970), p. 18.

[19] Margaret E. Hone, *The Modern Text Book of Astrology* (Londres: L. N. Fowler & Company Ltd., 1951), p. 10.

[20] Charles Strohmer, *What Your Horoscope Doesn't Tell You* (Wheaton, Illinois: Tindale), p. 25.

[21] José Cutileiro, "Maharishi Mahesh Yogui", aeiou.expresso.pt/gen. pl?p=stories&top=view&fokey=ex.stories/244986

[22] Isaías 8:19.

[23] Eclesiastés 9:5, 6.

[24] Eclesiastés 9:10.

[25] Romanos 1:28.

[26] 2 Timoteo 3:1-4.

[27] http://expedienteoculto.blogspot.com/2007/06/los-nios-salvajes. html

[28] S. Lucas 18:8.

5

La sublevación de la naturaleza

"Entonces habrá señales en el sol, en la luna y en las estrellas, y en la tierra angustia de las gentes, confundidas a causa del bramido del mar y de las olas; desfalleciendo los hombres por el temor y la expectación de las cosas que sobrevendrán en la tierra; porque las potencias de los cielos serán conmovidas" (S. Lucas 21:25, 26).

Isamael Gumuda llora su tragedia. Lamenta estar vivo. Preferiría estar muerto y no sentir nada. Llora el recuerdo del hermano ausente. Recuerda y llora con apenas 11 años. Las imágenes no se borran de su mente. De día las ve a toda hora. En las noches vuelven en forma de pesadillas. No olvida. No puede olvidar el día en que la gigantesca ola le arrancó de los brazos a su hermanito de 7 años.

Estaban en la escuela ensayando una obra para la próxima celebración del Año Nuevo, cuando oyeron el estruendo terrible de mil truenos. Ese ruido marcaría su vida para siempre. "Dimos media vuelta y vimos que una ola gigante, más alta que el edificio de la escuela, se nos venía encima –dice enjugando las lágrimas–. Yo sujeté firmemente a mi hermano, pero la ola nos separó. No pude hacer nada para ayudarlo. Él me miraba aterrorizado, queriendo que lo ayudara, pero no pude; el agua tenía más fuerza que yo. Sobreviví solamente porque la ola me llevó hasta el pie de la montaña, mientras que mi hermano desapareció tragado por el mar. Lo echo mucho de menos y oro por él", afirma Isamael.

Los maestros de la escuela donde él estudia han notado que Isamael no es el mismo desde el impacto del tsunami. Ha perdido peso, y se lo ve triste y callado. Isamael es uno de los estudiantes de la escuela Ban Talaynork que participa del programa de rehabilitación psicológica auspiciado por UNICEF en Tailandia.[1]

Este relato dramático es parte de la tragedia que despertó a la humanidad a una realidad aterradora: la vida no vale nada cuando la naturaleza enloquece. La madrugada del 26 de diciembre de 2004 permanecerá en el recuerdo de los mortales para siempre. Pasarán los años, y continuaremos aturdidos, desconcertados y perplejos.

Hasta ese día muchas personas no habían oído hablar de los tsunamis, aunque existían. De repente, ahora todo el mundo tuvo conciencia de una realidad que asusta. ¿Qué nombre se le podría dar al poder destructor de una naturaleza enloquecida que en fracción de segundos removió islas, hizo desaparecer ciudades enteras y devoró a casi doscientas mil vidas? ¿Adónde podría correr el hombre para protegerse de una fuerza equivalente a la explosión de un millón de bombas atómicas, como la que destruyó Hiroshima durante la Segunda Guerra Mundial?[2]

Aquella madrugada de horror, el planeta fue estremecido en sus mismos fundamentos. La humanidad, golpeada en lo amargo de su conciencia. El sacudón asesino, de 9 grados en la escala de Richter, empezó en el extremo norte de Indonesia y pasó por Tailandia, la India, Bangladesh y Sri Lanka. Atravesó 6.500 kilómetros, mató a cientos de personas en la costa oriental del África y siguió miles de kilómetros más, hasta sacudir amenazadoramente los mares de la República de Chile.

La resaca de la Navidad de ese diciembre trágico tuvo gusto a sangre y muerte. El hombre entendió, de manera trágica, cuán pequeño es delante de la furia de la naturaleza.

El horror experimentado por el mundo cuando agonizaba 2004 era apenas el preámbulo de un 2005 lleno de catástrofes naturales. Semanas después del tsunami de Indonesia, una serie de huracanes causaría inundaciones y muertes en América Central y en Estados Unidos. El huracán Katrina, con nombre de mujer y furia de mil demonios, pasaría a la historia como impiadoso asesino. Sembró pánico y destrucción, provocó daños irreparables y sumergió durante semanas a la ciudad estadounidense de Nueva Orleans. El encanto francés de la bella ciudad de los *blues* y del *jazz* quedaría embarrada por una lama fétida con olor a muerte.[3]

El 8 de octubre de ese mismo año, otro terremoto de proporciones gigantescas sacudiría a Pakistán y la India, provocando miles de muertes, decenas de miles de heridos y millones de personas desamparadas.[4]

Algunos días después el huracán Stan mataría a más de 70 mil personas en Guatemala y en el sur de México, y el volcán Yamatec, en El Salvador, entraría en erupción causando varias muertes. Fueron evacuadas, por lo menos, 7.500 familias.[5]

De acuerdo con el Centro de Investigación Epidemiológica de Desastres (CRED), un organismo colaborador de la Organización Mundial de Salud, sólo de enero a octubre del año 2005 casi 100 mil personas habían muerto en todo el mundo por desastres naturales. Desde Bélgica, el CRED controla un archivo de datos sobre desastres en el ámbito mundial. De acuerdo con esta entidad, el número de desastres naturales registrado ha aumentado notablemente a partir de 1900.[6]

El año 2005 podría haber pasado a la historia como el año de mayor número de catástrofes naturales. No fue así. El 2006 registró más protestas salvajes de la naturaleza. Para completar el escenario sombrío, Markku Niskala, secretario general de la Cruz Roja Internacional, declaró hace poco que en 2007 hubo un aumento de catástrofes del 20% sobre 2006. Se alcanzó la escandalosa cifra de 500 cataclismos naturales en el mundo entero.[7] En la actualidad se calcula en 250 millones el número de personas afectadas por desastres naturales cada 10 años. En la mitad de los casos el elemento de destrucción es el agua.

El agua es vida. Si hay poca, la vida se extingue. Si hay demasiada, trae la muerte consigo. Esto es lo que sucede en algunas partes del mundo donde las inundaciones no dan tregua. La peor de ellas fue la del Río Amarillo, en la China. Mató a cerca de cuatro millones de personas. Según el IPCC, "es probable que los episodios meteorológicos extremos aumenten en frecuencia y fuerza durante el siglo XXI como resultado de los cambios del clima".[8]

Ante esta macabra realidad, la humanidad se pregunta angustiada: ¿Qué sucede con nuestro planeta? ¿Enloqueció? ¿Cuándo va a parar todo esto? Las respuestas son más macabras aún. Muchos religiosos salen pregonando la ira divina y la destrucción del mundo. Los astrólogos culpan a los astros. Y la comunidad científica atribuye la causa al calentamiento global provocado por el maltrato que el propio ser humano le inflige a la Tierra.

"Calentamiento global" es una expresión relativamente nueva. Se usa para explicar el aumento de temperatura de la Tierra. Está probado científicamente que la Tierra se ha venido calentando en las últimas décadas. Específicamente, el proceso se inicia desde que comenzó la llamada Revolución Industrial y se pasó a dar más importancia a la producción que a la calidad de vida del ser humano.

Los gases tóxicos, que los especialistas llaman "efecto invernadero", provenientes de las fábricas, los vehículos, incendios de la floresta y tantas otras actividades industriales y humanas, han ido destruyendo la capa protectora de ozono, al punto de permitir que los rayos del Sol lleguen a la Tierra con mayor intensidad. En consecuencia, la temperatura de la Tierra aumenta. Al suceder esto, los glaciares se descongelan y el nivel del mar sube.[9]

Desde 1961, el mar ha venido subiendo 0,8 milímetros por año. El IPCC calcula que, si la temperatura continúa aumentando al ritmo que lo viene haciendo en las últimas décadas, el mar habrá subido 61 metros hasta el año 2050. Esto es espantoso, si tienes en cuenta que una subida de sólo 6 metros sería suficiente para sumergir las principales capitales costeras del mundo.[10]

Peor. Seis de los siete años más calurosos, desde que se tiene registros, han tenido lugar desde 2001. El hemisferio norte ya ha perdido un 5% de nieve desde 1966.[11]

Cuando yo era niño y viajaba de Lima a Jauja, la ciudad donde nací, en la República del Perú, me encantaba contemplar el paisaje de las montañas de Ticlio cubiertas de nieve perpetua. Al pasar por el punto ferroviario más alto del mundo quedaba fascinado al observar las sábanas blancas que cubrían los cerros. La última vez que anduve por esa parte de los Andes me dolió el corazón. Vi los cerros desnudos y la naturaleza agonizando. Oía un gemido triste provocado por el viento frío que soplaba en las montañas. Quiere decir que los informes científicos son reales. Tenemos la impresión de que no nos afecta porque nos encontramos lejos de esos lugares. Pero eso no cambia la realidad.

Es innegable que el planeta está más caliente y el hombre tiene buena parte de la culpa. La comunidad científica considera que este aumento de temperatura es inevitable. El nivel del mar seguiría subiendo por lo menos durante un siglo aun cuando mañana mismo se eliminara por completo la emisión de gases del efecto invernadero.

Al tomar conciencia de este peligro, el mundo vuelve su atención al cuidado del medio ambiente. La ecología se transformó en una especie de religión. La ecología socialista acusa al capitalismo salvaje de ser el culpable. Todos los sectores –desde el jardín de infantes hasta las universidades, pasando por las agrupaciones comunitarias y los clubes de vecindario– están interesados en cuidar mejor del planeta. Pero las cosas no mejoran. La Biblia dice que irán de mal en peor y que todo es parte de las señales que anuncian la venida de Jesús.

Al Gore, ex candidato a presidente de Estados Unidos, recibió el Premio Nobel de la Paz en 2007 por su documental "La Tierra en juego" [Earth in the Balance], que la ONU consideró "un esfuerzo por diseminar una advertencia al mundo sobre el cambio del clima causado por el hombre".[12] Esto muestra la preocupación humana por salvar el planeta, pero muestra también la incapacidad del hombre para ver lo que realmente se avecina.

La Academia Nacional de Ciencias de Estados Unidos [National Academy of Sciences] respalda la posición de Al Gore. Sami Solanki, director del Instituto Max Plank para la investigación del sistema solar, en Gottingen, Alemania, ha dicho que en los últimos 60 años, además de las agresiones del ser humano a la naturaleza, el Sol se ha puesto más caliente por motivos inexplicables, y eso también ha contribuido al calentamiento del clima y el consecuente aumento de las catástrofes naturales.[13]

¿Motivos inexplicables? Jesús ya lo había dicho, muchos siglos atrás, hablando de lo que sucedería en la Tierra poco antes de su venida. "Entonces habrá señales en el sol, en la luna y en las estrellas, y en la tierra angustia de las gentes, confundidas a causa del bramido del mar y de las olas; desfalleciendo los hombres por el temor y la expectación de las cosas que sobrevendrán en la tierra; porque las potencias de los cielos serán conmovidas".[14] Todo se está cumpliendo como Jesús predijo.

"Angustia de las gentes, confundidas a causa del bramido del mar". ¿No te da la impresión de que el Señor Jesús está describiendo nuestro tiempo, nuestros miedos y nuestros días? Sin embargo, hay que tener cuidado de no confundir las cosas. El hecho de ver todas estas catástrofes naturales no quiere decir que Dios está provocando todo eso. Él mismo explica la naturaleza de su relación con el ser humano: "Yo sé los pensamientos que tengo acerca de vosotros, dice Jehová, pensamientos de paz, y no de mal..."[15]

Esta es una buena noticia. Dios no permitirá que el

hombre se destruya a sí mismo. Él ama al ser humano. Intervendrá en la historia y colocará un punto final a los desatinos de la criatura. Si esto es verdad y la ciencia no le pronostica mucho futuro al planeta, ¿no significa que el día glorioso de la venida de Cristo ya despunta en el horizonte?

Hay algo más. San Marcos registra las palabras de Jesús con respecto a las catástrofes finales de la siguiente manera: "En aquellos días, después de aquella tribulación, el sol se oscurecerá, y la luna no dará su resplandor, y las estrellas caerán del cielo, y las potencias que están en los cielos serán conmovidas".[16] Estas señales que afectan al Sol, la Luna y las estrellas tuvieron un cumplimiento parcial en el pasado. En algún momento de la historia hubo un día en que el Sol se oscureció, la Luna se puso roja como sangre y las estrellas cayeron. Pero en el futuro, poco antes de la aparición gloriosa de Jesús, estos fenómenos volverán a repetirse de manera completa. Con relación al pasado, la historia registra lo siguiente:

"El día 19 de mayo de 1780 aparece como la gran descripción del Día Oscuro. Se extendió en toda Nueva Inglaterra. En ese lugar del mundo no se podía ver ni siquiera un punto de escritura común a la luz del día. Las aves entonaron su canto vespertino y desaparecieron, y todo quedó en silencio. Las aves y el ganado se fueron a sus corrales; y en todas las casas se encendieron velas. La oscuridad tuvo su comienzo como a las diez de la mañana, y continuó hasta la medianoche del día siguiente, pero con diversa intensidad en diferentes lugares... Por varios días antes del oscurecimiento el viento había soplado de diversos lugares, pero mayormente venía del sudoeste hacia el noroeste. No se conoce la verdadera causa de este fenómeno notable".[17]

Hay otro testimonio: "Por varios días la atmósfera se mantuvo marcadamente como de un vapor de humo, de manera que el Sol podía mirarse a simple vista sin problema alguno... el disco de la Luna, a través de la noche del martes, el miércoles y el jueves, tenía color de cobre, dando una apariencia de que estaba totalmente eclipsado".[18]

Cinco décadas después se cumplió otra de las previsiones de Cristo como parte de las señales de su segunda venida. La historia registra este evento de la siguiente forma: "Para entender mejor la frase 'la lluvia de meteoros' en conexión con la caída de estrellas, debemos recurrir a la historia, a la mañana del 13 de noviembre de 1833, cuando todos los habitantes de este continente vieron la escena más espectacular que la naturaleza pudo producir esa noche. Esa fue en realidad una lluvia de meteoros, o estrellas fugaces, en todo el sentido de la palabra. Por casi cuatro horas el cielo fue literalmente iluminado... Los científicos afirman que sólo sobre Estados Unidos y Canadá aparecieron más de un billón de estrellas fugaces".[19]

Esto fue apenas un cumplimiento parcial de las señales, pero esta profecía de Jesús, relacionada con extraños fenómenos en el Sol, en la Luna y en las estrellas, tendrá un cumplimiento total y final poco antes de la venida de Jesús. Esto puede parecer inverosímil, pero está registrado en la Palabra de Dios; y si todo se cumplió hasta aquí, ¿por qué no se cumpliría también esto?

A pesar de esto, no necesitas atemorizarte. El amor de Dios puede llenar tu corazón de esperanza. La esperanza del cristiano es seguridad, certidumbre y confianza, aun cuando a simple vista no haya salida.

Sucedió hace muchos años. Mi pequeño hijo de 6 años se había perdido en el centro de una ciudad de más de dos millones de habitantes. Mi esposa y yo corríamos desesperados de un lugar a otro tratando de encontrarlo. Acabábamos de llegar al Brasil y no podíamos comunicarnos bien en portugués. Llorábamos desesperados. ¿Qué hacer? ¿Adónde ir? El niño había desaparecido por completo. Hallarlo en medio de tanta gente sería como encontrar una aguja en un pajar.

Al ver nuestra desesperación, un guardia nos dijo:

–La policía ya está buscando a su niño. Si él está todavía en el centro, lo vamos a encontrar cuando el comercio cierre.

Así fue. A las seis de la tarde la cantidad de personas empezó a disminuir en el agitado centro. Las tiendas cerraron sus puertas. Los empleados retornaron a sus casas después de una larga jornada, las calles empezaron a quedarse solitarias, las sombras de la noche comenzaron a envolver a la ciudad con una sábana negra. Soplaba un viento frío de junio.

Continuamos buscándolo, angustiados, y para alegría nuestra lo encontramos. Estaba allí, sentado sobre un cajón abandonado, jugando con una piedra, ajeno al sufrimiento de los padres. Allí estaba en su inocencia, seguro. Lo abrazamos emocionados y lo cubrimos de besos. Más tarde, en casa, le pregunté:

–¿No estabas con miedo?

–¿Miedo? ¿Por qué? –me preguntó con ingenuidad.

–Cuando los niños se pierden sienten miedo –le dije.

Abrió los ojos sorprendido y me aseguró con firmeza:

–Yo no estaba perdido; sólo te estaba esperando. Tú

¿no me ibas a buscar?

Mira a tu alrededor. ¿Ves la noche oscura de los desastres naturales? Hay frío y sombras. Terremotos, huracanes y tempestades que llenan de pavor. Los pronósticos de la ciencia son aterradores. En medio a toda esta expectativa de presagios tenebrosos, yo quisiera que sepas que Jesús ya viene a buscarte. Tú no estás perdido. Hay esperanza. La aurora del día eterno ya despunta. Mientras el día amanece, lee la promesa que Dios te hace: "Cuando pases por las aguas, yo estaré contigo; y si por los ríos, no te anegarán. Cuando pases por el fuego, no te quemarás, ni la llama arderá en ti".[20]

La respuesta es sólo tuya.

Referencias:

[1] Historias del tsunami, www.unicef.org/spanish/emerg/disasterinasia/index_main.html

[2] *Revista VEJA*, Edición N° 1.886 (5 de enero de 2005).

[3] Huracán Katrina, http://en.wikipedia.org/wiki/Hurricane_Katrina

[4] *USA Today*, 8 de octubre de 2005.

[5] "Natural, Hazards, Severe Storms, Hurricane Stan", http://earthobservatory.nasa.gov/NaturalHazards/natural_hazards_v2.php3?img_id=13187

[6] Centre for Research on the Epidemiology of Disasters, www.cred.be/

[7] "Markku Niskala Quotes", http://thinkexist.com/markku_niskala/

[8] "Desastres por causas meteorológicas", www.portalplanetasedna.com.ar/desastres03.htm

[9] "Ciencia", *Terra Noticias*, 27 de diciembre de 2007.

[10] "Calentamiento global", http://es.wikipendia.org/wiki/Calentamiento_global

[11] *Ibíd.*

[12] "Science of Global Warming", http://conservapedia.com/Global_warming

[13] Orlando Petiz y Eva Gallardo, "Professores reflectem sobre a integração no Espaço Europeu do Ensino Superior", www.cienciapt.info/pt/

index.php?option=com_content&task=view&id=40063&Itemid=257

[14] S. Lucas 21:25, 26.

[15] Jeremías 29:11.

[16] S. Marcos 13:24, 25.

[17] *Diccionario Webster* (edición 1869).

[18] Artículo publicado en el periódico *Evening Post,* de Philadelphia, Pennsylvania, el 6 de junio de 1780, p. 62.

[19] Peter M. Millman, "La caída de las estrellas", *Telescope,* N° 7 (mayo-junio de 1940), p. 57.

[20] Isaías 43:2.

6

Una sociedad sin corazón

"También debes saber esto, que en los postreros días vendrán tiempos peligrosos. Porque habrá hombres... desobedientes a los padres, ingratos, impíos, sin afecto natural, implacables..." (2 Timoteo 3:1-3). *"Y por haberse multiplicado la maldad, el amor de muchos se enfriará"* (S. Mateo 24:12).

Escena uno. Medianoche. La pareja descansa ajena a cualquier peligro. Una muchacha entra en el cuarto en puntas de pies para no hacer ruido. Comprueba que los dueños de la casa duermen, apaga el sistema de alarma y prende la luz del corredor externo para facilitar la entrada de otros dos jóvenes; mientras ellos llegan, la joven busca guantes de plástico y medias femeninas para protegerse las manos y los rostros. Minutos después ingresan en el dormitorio y matan a palazos al hombre y a su esposa. Los que golpean a la pareja son los varones. La chica observaba todo sin mostrar la más mínima emoción. Una vez concretado el crimen, ella y uno de los muchachos, que es su novio, van a un motel para forjar una coartada.

A las tres de la mañana, la hija mayor de la pareja asesinada dirige su automóvil a alta velocidad. Ha estado en la calle y, antes de volver a casa, busca a su hermano menor, que se encuentra en un local de juegos electrónicos. Al llegar se topan con la escena de horror y sangre. Los padres han sido asesinados con crueldad y violencia. La hija se desespera y maldice a las personas que fueron capaces de realizar semejante acto. Al día siguiente, en el cementerio, llora desconsoladamente y casi se desmaya.

Unos días después la policía descubre a los asesinos. Quien ideó el siniestro plan es la propia hija de la pareja. Sí, es la niña que, en el cementerio, lloraba desamparada el día del entierro de los padres.[1]

¿Episodio de alguna película de terror? No. Realidad pura. Aconteció en una gran ciudad y la noticia dio la vuelta al mundo. ¿Qué sucedió en la mente de una muchacha de 18 años para cometer un acto tan horrendo? Nadie lo puede explicar. Sin embargo las Sagradas Escrituras dicen que en los días finales habría personas "desobedientes a los padres, ingratos, impíos, sin afecto natural, implacables".[2]

Escena dos. Mientras el mundo entero despierta de la pesadilla y vuelve sus ojos solidarios hacia los pueblos afectados por el tsunami devastador de 2004, la policía descubre a un grupo organizado que buscaba niños huérfanos con el fin de prostituirlos o sacarles los órganos para venderlos.[3] La opinión pública siente náuseas. Hienas humanas aprovechaban el dolor ajeno para beneficiarse. ¿Puede alguien perder la última pizca de conmiseración? Los hechos, transformados en noticias, dicen que sí.

Mientras almuerzo con un amigo comentamos lo ocurrido. Con los ojos llenos de emoción, casi instintivamente, me dice:

–Yo mataría a esos salvajes; son animales, no merecen vivir.

Al instante se ruboriza avergonzado y pide disculpas:

–Perdón, me olvidé que soy cristiano; no podría nunca pensar de esa forma.

Sin darse cuenta él está cumpliendo otra profecía para los últimos tiempos. Jesús ya lo había dicho: "Por haberse multiplicado la maldad, el amor de muchos se enfriará".[4]

Escena tres. Una inofensiva ciudad de interior. La noche está más oscura que otras veces. Llueve a cántaros. Joaquín y su esposa retornan de una boda. Han sido padrinos y visten ropa de gala. Conversan felices, recordando episodios de su propio casamiento. Los años han pasado y ellos se aman más que nunca. Dios les ha dado dos hijos preciosos. Aquella noche se habían quedado en casa con la niñera.

La conversación animada de los esposos es interrumpida por algo inesperado a esa hora de la madrugada. En la carretera solitaria hay a una pareja en dificultades. Piden socorro. Aparentemente el vehículo de ellos se ha averiado y necesitan auxilio. A pesar de la lluvia, Joaquín y su esposa deciden ayudar. Craso error. En pocos minutos Joaquín está muerto, con el rostro desfigurado por un tiro de escopeta. Solange, violada y agonizante, tardará años en recuperarse, y los dos pequeños hijos, huérfanos de padre a temprana edad, jamás entenderán por qué un acto de solidaridad recibió la muerte como retribución. Los delincuentes nunca fueron descubiertos. ¿Tendrías tú el valor de parar en la carretera y auxiliar a alguien después de conocer una historia como esta?

Los tiempos que vivimos son peligrosos. El apóstol Pablo lo dijo. En los últimos tiempos habría hombres "crueles, aborrecedores de lo bueno, traidores, impetuosos, infatuados". Todo el mundo tiene miedo de todo el mundo. Nadie más confía en nadie. Las grandes y las pequeñas ciudades están llenas de pandillas en cada esquina. Los fuertes sacan provecho de los débiles. Las metrópolis se han transformado en verdaderas junglas. Las fieras son los propios seres humanos.

El amor de muchos se está enfriando. Tú ves en la esquina de la calle a un niño desvalido, pidiendo limosna, y un poco más allá observas a los explotadores de esa criatura esperando el lucro diario. Te sientes ridículo. Tus sentimientos de ayuda al desprotegido saltan por los aires. Te ves burlado y herido en lo íntimo. Te propones nunca más hacer el papel de tonto.

Estás en la puerta de tu propia casa. Una mujer cansada, con un niño en brazos, te pide un poco de agua. Tu corazón es movido a ayudar. Vas a la cocina a traer el vaso de agua. Cuando regresas, la desconocida ya no está. Desapareció llevándose el equipo de audio que tenías en la sala.

¿Te quedan ganas de auxiliar a las personas? Tu espíritu cristiano te impulsa a hacerlo. A pesar de las frustraciones y los engaños sigues ayudando, pero la mayoría de las personas piensa dos veces antes de extender la mano. El amor de muchos se ha enfriado. Jesús lo había dicho. La maldad iría en aumento cada vez más y las personas solidarias irían disminuyendo.

¿Por qué el ser humano procede de ese modo? Existe un vacío en el corazón. La incoherencia de su extraña manera de proceder no es entendida por él mismo. No lo puede explicar. Sólo sabe que busca algo y, en su carrera loca tratando de encontrarle un sentido a las cosas, se hiere y lastima a los otros, sin importarle que esos otros sean, muchas veces, las personas que más ama.

El día que escribo esta página, la policía, advertida por una denuncia anónima, derribó la puerta de un departamento localizado en la parte más cara de una gran ciudad y encontró un cuadro capaz de sacudir los sentimientos de la persona más endurecida. Una niña de sólo 12 años, amarrada en el área de servicios, tenía los dos brazos levantados y atados a una escalera de hierro. Sus pies casi no tocaban el suelo. La boca, tapada con un pedazo de gasa mojada en ají, y ocho de los dedos de las manos quebrados. La mayoría de las uñas le habían sido arrancadas. "Empecé a temblar tanto que tuve dificultad para desatarla", confiesa un duro policía acostumbrado a ver escenas de horror. Lo que hace de este episodio el extremo de la barbarie es que la autora de la violencia familiar era la madre adoptiva de la niña.[5]

Es común. Lo puedes ver todos los días, en todos los países. Hay maldad. Demasiada violencia. Abuso. Incluso dentro del propio hogar.

Alan Weisman, en su nuevo libro, *El mundo sin nosotros*,[6] imagina cómo sería el planeta sin los seres humanos. Tal vez, mejor. Yo, personalmente, no lo creo. Creo que la raza humana está perdida en las sombras de su alejamiento de Dios. No hay otra explicación. La declaración de Hobbes nunca tuvo tanta relevancia: El hombre es el lobo del hombre.

Es la madrugada de un jueves de junio. Sirlei, una empleada doméstica pobre y luchadora, que vive con un sueldo de sólo 200 dólares mensuales, espera el ómnibus que la llevará a un puesto médico. Necesita llegar temprano para encontrar un lugar en la fila. Mira el reloj varias veces, con impaciencia. El ómnibus demora. A pocos metros de distancia las olas del mar revientan ruidosamente, como si anunciasen una tragedia. Sirlei piensa en el hijo pequeño, de 3 años, que quedó en casa. Él es la razón de todos sus esfuerzos.

Repentinamente, sus pensamientos son interrumpidos con violencia. Un golpe seco en la nuca la derriba. Después siente un puntapié en el rostro. Instintivamente trata de protegerse con los brazos. Es inútil. Una lluvia de golpes y puntapiés viene de todos lados. Su instinto de madre la lleva a pensar en el hijo. No entiende lo que está pasando. Nadie podría. Hasta hoy la sociedad se esfuerza para entender por qué cinco jóvenes universitarios, de clase media, sentían placer en masacrar a una mujer indefensa.

La policía los prendió cinco días después. Los padres de los delincuentes argumentaron que ellos sólo querían divertirse. Sirlei no fue asesinada porque una prostituta, que andaba a esas horas de la madrugada, empezó a gritar pidiendo socorro.[7]

¿Por qué el hombre no es feliz? ¿Qué le falta? ¿Qué es lo que tanto busca y no encuentra? El ser humano de nuestro tiempo es un ser permanentemente desesperado. Puede negarlo, argumentar, discutir, gritar a pulmón lleno que no lo es, pero es un ser insatisfecho. Nada de lo que consigue es suficiente. Entonces se extravía en la maraña de sus deseos, cae en el caos, se hunde en la arena movediza de sus desvaríos y sufre.

El uso desmedido de drogas es pavoroso. Cada año se gastan en el mundo 150 mil millones de dólares en el consumo de drogas. Se trata de una de las industrias más rentables después de la del petróleo. Si a esto le añades que se gastan 204 mil millones en tabaco y 252 mil millones en alcohol, te darás cuenta de la completa inversión de valores de nuestra sociedad.[8]

Se cree en la "necesidad" de estudiar la legalización de las drogas con el fin de revertir radicalmente el cuadro presente de corrupción policial, y otros crímenes asociados al tráfico y el consumo de drogas.[9]

Al mencionar Jesús a esta clase de personas como una señal de los días finales no las estaba condenando a ser así, simplemente las estaba describiendo. Los jóvenes que cometieron aquella atrocidad escogieron voluntariamente el camino de la perversidad. Decidieron ser violentos y tratar a un ser humano peor que a un animal. No había motivos para hacerlo. No querían robar; tenían dinero. Uno de ellos acababa de pasar seis meses en Australia practicando surf con el pretexto de aprender inglés.

Un sociólogo trató de explicar la conducta de estos delincuentes juveniles como siendo productos de la cultura de la impunidad que la sociedad experimenta. La verdad es otra. Así lo dice el profeta Jeremías: "Engañoso es el corazón más que todas las cosas, y perverso; ¿quién lo conocerá?"[10]

El problema del ser humano es su loco y desesperado corazón. Es violento por naturaleza. Es malo, engañador y traicionero. Es perverso, sanguinario y cruel. La educación puede barnizar su comportamiento. Puede enseñarle a disfrazar sus intenciones. Puede llevarlo a vestir camisa blanca y corbata, pero no puede transformar su corazón. Continuará siendo deshonesto y egoísta, pero sofisticado. Por detrás de sus discursos inflamados en favor de la paz promoverá la guerra. Cinco de los países que más lucran con la venta de armas forman parte del Consejo de Seguridad de la ONU.[11]

Sólo Jesús es capaz de transformar el corazón. Él no trabaja por fuera. Su obra empieza dentro, donde están las raíces. "Y les daré un corazón, y un espíritu nuevo pondré dentro de ellos; y quitaré el corazón de piedra de en medio de su carne, y les daré un corazón de carne".[12]

A lo largo de mi vida he visto la transformación que Jesús puede hacer en la vida de las personas que lo aceptan como su Salvador. Para Jesús no existen casos imposibles. Para él no hay nadie que no pueda ser recuperado.

Un día llegó a Betania y encontró a su amigo Lázaro muerto. Hacía cuatro días que estaba en ese estado. Sus carnes ya se encontraban en estado de descomposición. Ya olía mal. Nadie podría imaginar que había remedio para un problema semejante. La ciencia nada podría hacer, el dinero tampoco, ni la tecnología, ni cualquier otra cosa. Pero Jesús llegó, y cuando él llega también lo hace la vida, porque él es la vida.

La historia es muy conocida. Jesús ordenó: "Lázaro, ven fuera", y el cadáver resucitó. He visto a Jesús hacer los mismos milagros hoy. Lo veo todos los días en todos los países donde realizo cruzadas evangelizadoras. Cadáveres espirituales son vueltos a la vida, hogares destruidos son reconstruidos, sueños hechos pedazos son convertidos en realidad. Jesús es la vida, y donde él entra sólo puede haber vida en plenitud.

Conocí a Andrés en una de las ciudades más violentas del mundo. Tenía fama de malo. Había pasado varios años en la prisión pagando sus crímenes. Fue en la cárcel que se encontró con el Señor Jesucristo. Una noche helada de invierno, Andrés agonizaba. Temblaba de frío, casi congelado, esperando la muerte. Fue en esas condiciones que me oyó a través de la radio de un compañero de celda. Esa noche el Espíritu de Dios tocó su corazón. Había oído muchas veces hablar de Jesús, pero creía que la religión era cosa de personas débiles. Él siempre se había considerado valiente. Armado hasta los dientes había llevado dolor a mucha gente. Era malo y cruel. Había elegido el camino del crimen cuando era apenas un adolescente y culpaba a la sociedad por no haberle dado otro camino para escoger.

Aquella noche moriría a los pocos minutos, y la muerte lo asustó. En la casi penumbra de su agonía entendió que Dios lo amaba y quería darle un nuevo corazón. Suplicó. Clamó a Jesús por una segunda oportunidad, y se adormeció.

A la mañana siguiente vio entrar el sol por la ventana. Se encontraba en la enfermería de la prisión. Los rayos del sol eran insistentes a pesar de la fuerte neblina.

–Yo estaba vivo –me dijo, sin poder esconder la emoción–; yo no había muerto. Dios me estaba dando una segunda oportunidad.

Ya pasaron 30 años desde aquella noche fría en la celda helada de una prisión. Andrés es hoy un testimonio vivo del poder transformador de Cristo. Está libre y realiza un trabajo extraordinario junto a una ONG que recupera a niños delincuentes.

El Cristo maravilloso que llegó a la vida de Andrés, en la hora de la agonía, puede entrar en tu corazón si le permites. Lee lo que Jesús te dice: "Venid a mí todos los que estáis trabajados y cargados, y yo os haré descansar".[13]

La vida sin Cristo es una vida agobiante. El cansancio del espíritu, que las personas llaman depresión, se ha convertido en la enfermedad que destruye muchas vidas sin matarlas. En los últimos tiempos le hemos dado un nombre más sofisticado, pero sigue siendo la falta de sentido de las cosas, el cansancio de estar vivo. Y ahora viene Jesús y te dice: "Ven a mí". El Señor Jesús te habla de descanso y de paz. ¿No es eso lo que tanto deseas?

La respuesta es sólo tuya.

Referencias:

[1] "Verdades e mentiras de Suzane Von Richthofen", *Revista VEJA*, Edición N° 1.951 (12 de abril de 2006).

[2] 2 Timoteo 3:2, 3.

[3] *Revista VEJA*, Edición N° 1.886 (5 de enero de 2005).

[4] Mateo 24:12.

[5] "Como alguém é capaz de fazer isso?", *Revista VEJA*, Edición N° 2.053 (26 de marzo de 2008).

[6] Alan Weisman, "The World Whitout Us", *New York Times Best Seller and TIME Magazine's* (NY, USA).

[7] "Socos, pontapés...", *Revista VEJA*, Edición N° 2.015 (4 de julio de 2007).

[8] Patricia Costa, "Drogas: combater ou legalizar?", www.senac.br/informativo/diga/39/segundamateria-39.pdf

[9] Eliot Spitzer, "The Fall of Ethics Man" (11 de marzo de 2008), www.economist.cfm/world/na/displaystory.cfm?story_id=10835377

[10] Jeremías 17:9.

[11] Juan Carlos Casté, "Conferencia mundial sobre alimentación", celebrada en Roma en 1974, www.catolicismo.com.br/

[12] Ezequiel 11:19.

[13] S. Mateo 11:28.

7

Una generación erotizada

"Dios los entregó a pasiones vergonzosas; pues aun sus mujeres cambiaron el uso natural por el que es contra naturaleza, y de igual modo también los hombres, dejando el uso natural de la mujer, se encendieron en su lascivia unos con otros, cometiendo hechos vergonzosos hombres con hombres, y recibiendo en sí mismos la retribución debida a su extravío" (Romanos 1:26, 27).

Domingo en Amsterdam. El sol se dibuja como una bola de fuego, esplendoroso, en el azul infinito del cielo. Tulipanes coloridos matizan los jardines y adornan la fiesta. Mucha gente. Gente alegre y animada. En el centro, con las manos entrelazadas e intercambiando caricias, la pareja relata a los periodistas detalles de su reciente boda. Los nuevos esposos declaran que tienen planes de adoptar un bebé. De vez en cuando se dirigen miradas apasionadas y se sonríen. Las cámaras de la prensa internacional registran todo y envían la noticia por satélite al mundo entero.

El inusitado hecho sería algo común. No tendría ningún valor periodístico si el foco de las atenciones no fuese una pareja fuera de los patrones normales: dos hombres que acaban de salir de la iglesia después de recibir la "bendición nupcial".

El hecho sucedió en Holanda en el año 2001. Más tarde se repetiría en Bélgica, Canadá y también en Massachusetts, Estados Unidos. Al principio en muchos países se levantaron protestas en defensa de la familia, la moral y las buenas costumbres. Incontables personas pensaron que había llegado el fin del mundo. Hoy, pocos años después de lo que al principio se consideró un escándalo y llamó la atención de la prensa internacional, se reconoce legalmente la unión civil de parejas homosexuales en la Argentina, Dinamarca, Alemania, Francia y Portugal.[1] Y, como sucede en todos los aspectos de la actividad humana, la moda se transformó en costumbre, y la costumbre llegó a ser parte de la cultura.

El último desfile de homosexuales y lesbianas en el Brasil llevó a dos millones y medio de personas a las calles.[2] La ciudad de San Pablo nunca había visto una movilización tan grande de personas. Parecía un carnaval, alegre y colorido, con carros alegóricos y pancartas reivindicatorias. Lo mismo sucede todos los años en otras grandes capitales del mundo. Los homosexuales y las lesbianas, que antes se escondían, hoy no tienen ningún reparo en salir a las calles a protestar y reclamar derechos. Es justo que lo hagan. Ellos tienen derechos, como todo ser humano. Este no es el asunto en cuestión. Lo que llama la atención es la forma dramática en que se cumple la profecía bíblica. El Señor Jesús había dicho que en los últimos tiempos este tipo de comportamiento sería parte de la cultura del pueblo.

Si el asunto se limitara a gente que no tiene nada que ver con el cristianismo, sería fácil de entender. A fin de cuentas, una persona que no cree en el Dios judeocristiano no tiene referencias bíblicas de conducta.

Pero la cuestión no se limita a los incrédulos. En los círculos llamados cristianos también se levantan voces para defender la idea de que "el análisis bíblico sensato e inteligente muestra que todas las personas, independientemente de raza, género y orientación sexual, fueron recibidas por Jesús y, por tanto, no veo por qué los homosexuales o las lesbianas están equivocados en su manera de ser".[3]

Estas son palabras de Mario Ribas, bachiller en Teología por la Universidad de Princeton, Inglaterra, con maestría en Ciencias de la Religión y pastor de una gran iglesia evangélica.

¿Qué le pasa al mundo cristiano? ¿Por qué, de repente, lo que la Biblia considera pecado pasa a ser visto como normal y la aceptación de la homosexualidad comienza a ser llamada "una expresión de la gracia de Cristo"? Las palabras de Jesús registradas en la Biblia anunciaban que en los últimos días esto sería así: "Asimismo como sucedió en los días de Lot... Así será el día en que el Hijo del Hombre se manifieste".[4]

¿Cómo eran los días de Lot? En el libro de Génesis se registra la historia. Los habitantes de Sodoma eran tan corruptos que intentaron derribar la puerta de Lot para sacar a dos hombres que se hospedaban en su casa con el fin de practicar sexo con ellos. Es por eso que el diccionario define a la palabra homosexualidad también como sodomía. En los días de Lot la homosexualidad era moda, y Dios demostró su desacuerdo con la conducta humana de aquellos tiempos.[5]

Jesús predijo que los tiempos finales serían como los días de Lot.

La Biblia enseña que Dios ama a todas las personas. Los homosexuales, como cualquier ser humano, son objetos del amor y la misericordia divinos. Pero Jesús vino a este mundo no sólo para perdonar al pecador. Vino también para transformarlo y hacerlo una nueva criatura. El apóstol San Pablo lo explica de modo simple: "Él os dio vida a vosotros, cuando estabais muertos en vuestros delitos y pecados, en los cuales anduvisteis en otro tiempo, siguiendo la corriente de este mundo... haciendo la voluntad de la carne y de los pensamientos, y éramos por naturaleza hijos de ira... teniendo el entendimiento entenebrecido, ajenos a la vida de Dios por la ignorancia que en ellos hay, por la dureza de su corazón; los cuales después que perdieron toda sensibilidad, se entregaron a la lascivia para cometer con avidez toda clase de impureza. Mas vosotros no habéis aprendido así a Cristo... En cuanto a la manera pasada de vivir, despojaos del viejo hombre, que está viciado conforme a los deseos engañosos... y vestíos del nuevo hombre, creado según Dios en la justicia y santidad de la verdad".[6]

Aquí el apóstol habla de transformación. Todos los seres humanos, indistintamente de cuál sea su pecado, necesitan pasar por el milagro de la conversión. La conversión involucra arrepentimiento, perdón y abandono de la manera pasada de vivir. A la luz de lo que el apóstol Pablo dice, es imposible aceptar la idea, políticamente correcta, de que por el hecho de ser amor Dios acepta las desviaciones de conducta del ser humano.

Moisés es categórico al describir el carácter perdonador de Dios: "¡Jehová! ¡Jehová! fuerte, misericordioso y piadoso; tardo para la ira, y grande en misericordia y verdad; que guarda misericordia a millares, que perdona la iniquidad, la rebelión y el pecado, y que de ningún modo tendrá por inocente al malvado".[7] Malvado, en el lenguaje original, no es el que alguna vez hizo el mal, sino el que insiste en vivir de esa manera.

Evidentemente, la presión social para aceptar algo que la Biblia condena es un cumplimiento más de las señales del fin. La proliferación abierta de la sodomía, argumentando que es apenas un "tipo diferente de orientación sexual", es una evidencia de que vivimos en los últimos tiempos.

Hace algunos años se presentó en el Museo Natural de Oslo una exposición sobre homosexualidad en el mundo animal.[8] Los expositores argumentaban que si la homosexualidad existe entre los animales, y no hay nada más natural que ellos, entonces la desviación sexual también es natural y, si es natural, no puede ser pecado.

El diccionario define la palabra natural como lo que se hace de acuerdo con la propiedad de las cosas. La palabra básica es "propiedad, normalidad". Es normal comer por la boca, pero si yo deseo puedo intentar comer por los oídos. Soy libre para hacerlo, pero no puedo pretender que las personas acepten mi actitud como algo natural, normal o propio.

Nuestra generación es una generación que ha perdido el rumbo de su propia naturaleza. Vive casi en función del placer físico. Gasta anualmente en pornografía la fabulosa suma de 13 mil millones de dólares, sólo en Estados Unidos.[9] Es difícil encender la computadora sin que aparezca una llamada a la pornografía. Se escribe, se compone y se produce teniendo, la mayoría de las veces, el sexo como tema central. Casi no se encuentra una propaganda que no apele al sexo para vender su producto. El ser humano ha iniciado una carrera loca en busca de un sentido para su vida sexual. Nada lo satisface. En esa búsqueda loca, cae muchas veces en la perversión y la depravación. Todo porque desconoce la esencia de su propio ser.

¿Qué significa esto? Que el hombre es un ser físico, mental y espiritual. Es su naturaleza. No se puede dividir. Para que lo que haga en la vida tenga sentido, necesita hacerlo con la unidad completa de su ser. Dividirse es fatal. Si lo intenta, abre heridas profundas en su mundo inconsciente. Heridas que su racionalismo no puede curar. Por más que se repita a sí mismo que él es correcto, que lo que hace es bueno desde el momento que no le causa mal a nadie, y que su vida íntima es un asunto de elección personal o de preferencia, la realidad es otra. Su naturaleza de ser humano, con facultades físicas, mentales y espirituales, no lo acepta.

Tal vez, llevado por el instinto, pueda aceptar su dimensión física; también puede aceptar su aspecto mental, convenciéndose de sus propios argumentos; pero su ámbito espiritual no lo acepta. Protesta con el grito desesperado del corazón, llamado culpa. El ser humano puede cambiar todas las reglas que quiera, modificar todos los principios de comportamiento. Puede echar por tierra lo que llama "convenciones sociales y obsoletas", pero nunca eliminará la conciencia de culpa que lo incomoda cada vez que hace algo que su naturaleza espiritual no acepta.

–Yo no soy espiritual –me dijo un día un hombre al que visitaba en la prisión.

Estaba allí como resultado de una vida sin restricciones. No lo sabía, pero sí era espiritual. De otro modo no hubiera insistido tanto para que yo fuera a visitarlo.

El problema del hombre de nuestros días es que no reconoce ser espiritual. Sin embargo, el hecho de que no lo acepte no cambia la realidad. La espiritualidad de su ser no depende de él. Está por encima de su control. Un día salió de las manos del Creador, y sólo será completo viviendo en armonía con él y respetando la unidad de su ser.

Veamos un ejemplo. Toma a un pajarito y colócalo en una jaula de oro adornada de diamantes. Llénale la jaula de alimento, agua y, si deseas, colócale un sistema de aire acondicionado que se adapte a sus necesidades. ¿Crees que va a ser feliz algún día? Jamás. Su naturaleza es de pajarito. Nació para volar. Es verdad que necesita agua y comida, pero lo que lo vuelve feliz es su libertad.

¿Sabes lo que sucedió con el ser humano? Piensa que es libre porque puede hacer lo que quiere, pero vive prisionero del placer. El Dr. Mario Veloso, poeta, escritor y un amigo personal, afirma que para vivir no es suficiente la libertad formal. Un país o un gobierno garantiza la libertad del cuerpo, no la del alma.

La angustia del hombre que vive en los países de régimen totalitario, donde no hay libertad, se repite en el corazón de personas que viven en lugares donde hay plena libertad. ¿Por qué? Porque el hombre es psicológicamente prisionero de sus complejos, tendencias, egoísmo, ambiciones, envidias, vicios y todo lo que constituye el lado negro de la psicología humana.[10]

Un ser cautivo no puede ser feliz. Usa la vida para el placer. Manifiesta sus sentimientos usando la violencia. Disfruta de la inmoralidad. Falsifica la vida. Crea filosofías alienantes. En fin, cada ser humano que hace caso omiso de su dimensión espiritual construye las rejas de su propio cautiverio. Por increíble que parezca, las que más aprisionan al ser humano moderno son, de acuerdo con Veloso, la obscenidad, la pornografía, la violencia y la homosexualidad.

El autor David Levy publicó su libro *Love and Sex with Robots* [Amor y sexo con robots]. Después de investigar sobre las posibles relaciones de humanos con robots, el autor llega a la conclusión de que para las personas que no logran establecer relaciones satisfactorias con otros seres humanos, existe la posibilidad de establecer ese tipo de relaciones con las máquinas. No es broma.[11]

La intención de Levy puede ser buena; pero, para que el sexo sea una fuente de satisfacción plena y haga del ser humano una persona feliz, necesita ser un acto físico, mental y espiritual. Si el sexo es sólo un acto físico, es frustrante, y deja el sabor amargo del vacío y de la insatisfacción.

Entonces, ¿qué hace el hombre para atender el clamor de su corazón necesitado? Se zambulle de cabeza en todo tipo de perversiones y depravaciones. Cae en el terreno de la pedofilia, la zoofilia, el sadismo, el masoquismo, la homosexualidad y toda otra forma de desviación de conducta.

Entonces sucede lo que la Biblia dice: "Dios los entregó a pasiones vergonzosas; pues aun sus mujeres cambiaron el uso natural por el que es contra naturaleza, y de igual modo también los hombres, dejando el uso natural de la mujer, se encendieron en su lascivia unos con otros, cometiendo hechos vergonzosos hombres con hombres, y recibiendo en sí mismos la retribución debida a su extravío".[12]

¿De qué retribución habla el apóstol? De todas las plagas y las enfermedades que flagelan al mundo moderno. Un estudio realizado por el Center for Disease Control and Prevention (CDC), de Estados Unidos, muestra que 19 millones de estadounidenses son contagiados cada año por enfermedades venéreas y más de 65 millones viven permanentemente con enfermedades sexualmente transmisibles.[13] El SIDA viene diezmando a la humanidad. En la actualidad, 43 millones de personas viven con SIDA en el mundo. Sólo el año pasado 4,8 millones de personas fueron contagiadas. Peor, cada día 2 mil bebés son contagiados en el vientre de sus madres.[14]

Todo esto fue anunciado por la Biblia como evidencia de que estamos viviendo en el fin de los tiempos. Jesús declaró: "De la higuera aprended la parábola: Cuando ya su rama está tierna, y brotan las hojas, sabéis que el verano está cerca. Así también vosotros, cuando veáis todas estas cosas, conoced que está cerca, a las puertas".[15]

Era el atardecer de un día triste. Triste para ella. Su vida había llegado al fin. Sus sueños habían muerto. Los hombres la condenaban. Había sido encontrada en flagrante pecado y no tenía salvación. Su vida estaba llena de desatinos. Amó de manera errada. Buscó ser amada, y sólo fue usada. Buscó ser feliz a su manera, y todo lo que había conseguido fue abrirse heridas profundas que nadie podía curar.

¿Qué hace una persona cuando ve que erró y merece ser castigada por eso? Repite lo que estaba haciendo, para que el dolor que cree merecer aumente. Ella había escogido ese camino. Un camino infeliz que la llevó al fondo del pozo. Un camino doloroso que acabó con sus ganas de vivir. Sus valores se habían diluido, sus virtudes se habían desintegrado. Se sentía una basura. Sabía que debía cambiar el rumbo de su vida, pero no tenía fuerzas y se desesperaba a solas.

Fue entonces cuando los hombres la descubrieron y la arrastraron hasta Jesús. Había sido encontrada en pecado y merecía ser apedreada. La ley de los hombres es implacable. No perdona.

Allí estaba ella. Su pasado, feo. Su presente, horrible. Futuro, no tenía. Allí estaba ella, destruida, desecha, acabada. Allí estaba ella, con el peso de la culpa asfixiándola, hiriéndola, atormentándola. Ella, la pecadora, la perdida, la mala.

Entonces apareció la persona maravillosa de Jesús. Gracias a Dios, él siempre aparece. Cuando más lo necesitas. Cuando no sabes qué hacer ni hacia dónde ir. Gracias a Dios, él siempre te busca, te llama, te espera.

El Maestro de Galilea, en silencio, empezó a escribir en la arena. Los acusadores de la pobre mujer desaparecieron uno a uno. Se oyó de nuevo la voz de Cristo:

–El que se encuentre sin pecado que tire la primera piedra.

Nadie se atrevió a hacerlo. Las calles estaban desiertas.

–¿Dónde están los que te condenan? –preguntó Jesús.

–Todos se han ido –respondió la mujer.

No tenía siquiera el valor de levantar los ojos.

–Yo tampoco te condeno –le dijo el Señor–; anda y no peques más.

Ya pasaron más de 20 siglos de todo aquello. La voz dulce del Maestro sigue haciendo eco en las paredes del tiempo y llega hasta ti. Su promesa es: "Yo puedo hacerte de nuevo si me entregas tu corazón".

¡Qué invitación más tierna! ¿No lo crees? ¿Qué harás con ella?

La respuesta es sólo tuya.

Referencias:

[1] "Special Report. Homosexual Civil Union", www.traditionalvalues.org/pdf_files/CivilUnions.pdf

[2] "Marcha do Orgulho Gay 2007", www.esquerda.net/index.php?option=com_zoom&Itemid=112&tcatid=31

[3] Marcia Freitas, "Aceitaçao de padres gays é inevitavel, diz reverendo brasileiro", www.bbc.co.uk/portuguese/reporterbbc/story/2004/10/041019_reverendogaymp.shtml

[4] S. Lucas 17:28, 30.

[5] Génesis 4:1-28.

[6] Efesios 2:1-3; 4:18-20, 22, 24.

[7] Éxodo 34:6, 7.

[8] "Against Nature? An Exhibition on Animal Homosexuality", www.nhm.uio.no/againstnature/index.html

[9] Adam Tanner, "Indústria pornô dos EUA é desafiada por sites de Internet", http://br.reuters.com/article/internetNews/id-BRN1130693820080111

[10] Mario Veloso, *Libre para amar* (Buenos Aires: Asociación Casa Editora Sudamericana, 1984), pp. 19-28.

[11] Entrevista de Charles Choi a David Levy, *Scientific American Brasil* (abril de 2008).

[12] Romanos 1:26, 27.

[13] "Report of Center for Disease Control and Prevention (CDC)", *USA Today*, 25 de marzo de 2008.

[14] "El SIDA avanza y el virus HIV llega a casi 40 millones de infectados en el mundo", www.radioagencianp.com.br/index.php?option

[15] S. Mateo 24:32, 33.

8

Crisis económica

"¡Vamos ahora, ricos! Llorad y aullad por las miserias que os vendrán... He aquí clama el jornal de los obreros que han cosechado vuestras tierras, el cual por engaño no les ha sido pagado por vosotros..." (Santiago 5:1, 4).

La ciudad de San Pablo se mostraba esplendorosa aquella noche. Parecía una dama vestida para una ocasión especial. Infinidad de luces adornaban su silueta. Le daban la apariencia de un pequeño universo infestado de luciérnagas. Desde la terraza del Edificio Italia, la visión de la ciudad era fascinante y encantadora.

Ingresé en el restaurante y miré hacia todos los lados. El recepcionista, un rubio alto y de modales artificiales, me preguntó como si me conociera:

–¿Señor Bullón?

Asentí con una sonrisa y me condujo hacia una mesa discreta en el fondo. La persona que buscaba estaba allí, esperándome. Se levantó, nos saludamos y, después de una corta conversación trivial, fue al punto.

–Usted sabe que tengo dinero –dijo, dueño de la situación–. Puedo comprar lo que se me antoje, viajar a cualquier lugar del mundo, realizar el sueño que desee; pero, cuando llega la noche, no logro dormir. Siento como si estuviera en deuda con alguien. Hay noches que paso las horas despierto hasta el amanecer. Dígame qué me falta, pero por favor no me pida que me vuelva miembro de su iglesia ni me hable de Jesús.

Me sorprendió la postura existencial de ese gigante de los negocios. Estaba allí, delante de mí, desprotegido, casi suplicando ayuda, pero no quería que le hablara de Jesús.

–Usted sabe que soy un ministro religioso –le afirmé.

–Sí –respondió–, pero los ministros, ¿no pueden hablar de otra cosa que no sea de religión?

–Claro que podemos –le dije–; yo podría hablarle de la bolsa de valores o del cambio actual del dólar, podría conversar con usted sobre deportes, o acerca de la cultura de los países que visité, pero usted me acaba de hacer una pregunta específica. Quiere saber lo que le falta, y con toda seguridad no le falta acciones en la Bolsa de valores, ni dólares, ni cultura. Lo que le falta es un sentido espiritual para su vida, pero usted no quiere que le hable de Jesús. ¿Qué puedo hacer? Si le dijera que la solución para su problema está en la India y que le va a costar un millón de dólares, creo que usted no vacilaría un minuto en pedir que le preparen su propio avión, con su propio piloto, con el fin de viajar inmediatamente en busca de la ansiada solución. ¿Estoy equivocado?

El hombre parpadeó varias veces, tomó un poco de agua y no supo qué decir. Era consciente del vacío que sentía. Algo andaba mal en su vida. Al inicio de su carrera, joven todavía, lleno de sueños y ambiciones, creía que necesitaba dinero para ser feliz. Concentró todos sus esfuerzos en conseguirlo, y había alcanzado su objetivo. Era millonario y debía estar satisfecho, pero no lo estaba; se sentía angustiado y no podía identificar la causa. Buscaba ayuda, pero no quería saber nada de Dios.

Conversamos un poco más, y después nos despedimos sin llegar a ninguna conclusión. Él era otro retrato del hombre moderno. Había hecho del dinero un dios; pero, a pesar del dinero, continuaba angustiado. Buscaba un sentido para su existencia.

Dinero. ¡Ah, dinero! "Poderoso caballero es don dinero", reza el antiguo proverbio; y las personas, desde tiempos inmemoriales, se han entregado de cuerpo y alma a la búsqueda incansable de dinero.

"El dinero es la palanca que mueve al mundo", repetían los buscadores de oro, mientras arriesgaban su vida en la selva del Amazonas tras el codiciado metal.

Ha pasado el tiempo y la carrera desenfrenada en busca de dinero se ha transformado en la cultura de nuestros días. Por él se destruyen vidas, se corrompen conciencias y se derrocan gobiernos. Por su causa se aniquilan valores y se estropean principios. Las personas piensan que si tuvieran dinero serían más felices, y no miden esfuerzos ni tiempo para conseguirlo.

No es el caso del hombre que habló conmigo aquella noche. Pero muchos, en el desesperado intento de llenar el vacío que el dinero no logra cubrir, caen en el terreno de la avaricia: la idolatría del dinero.

El avaro vive sólo para juntar. No usa lo que gana. Pierde la noción de la realidad. Acumula riquezas que no le sirven, tiene miedo de gastar, de quedarse pobre; y en su alucinante búsqueda de seguridad se pierde en los meandros de la codicia y hasta de la deshonestidad. Lo quiere todo para sí. Nada es suficiente. No le importa nadie, a no ser su propia persona. El apóstol Pablo describe a este tipo de personas como otra de las señales de los últimos días: "En los postreros días... habrá hombres amadores de sí mismos, avaros".[1]

Es verdad que personas avaras existieron siempre. Sin embargo, nunca como hoy la riqueza estuvo concentrada en las manos de pocos y nunca, como en nuestros días, el capitalismo se volvió tan salvaje y voraz, al punto de llevar a mucha gente a un estado de extrema explotación, miseria y desesperación.

El deseo de acumular riqueza hace que el ser humano pierda el orden de los valores. Las cosas llegan a valer más que las personas. No se mide consecuencias. Simplemente se corre en pos del dinero, como sea. El rico quiere ser cada vez más rico. Miente, explota, extorsiona, corrompe y es corrompido sin importarle los otros. Esta clase de gente se encuentra en todos los campos de la actividad humana; en las empresas, en los gobiernos y hasta en las iglesias.

Quien sufre es siempre el débil y desprotegido. Cada día tiene menos oportunidades, y más pobreza y miseria. Llega a no tener qué comer. Una evidencia de que el regreso de Cristo está próximo es justamente la situación de exagerada riqueza para pocos y extrema pobreza para muchos.

De acuerdo con el informe del Proyecto Hambre, de la ONU, cada segundo muere en el planeta una persona por causa del hambre. Lo dramático es que el 70% de estas víctimas son niños menores de 5 años. Ellos nacen condenados a la muerte. La avaricia y el deseo de enriquecimiento de los que detentan el poder les niega la oportunidad de vivir.[2]

Entre los días 13 y 17 de noviembre de 1996 se realizó, en Roma, la Cumbre Mundial sobre la Alimentación.

Ciento ochenta y cinco países enviaron a sus mandatarios. Ellos se propusieron acabar con el hambre hasta el año 2015. A pocos años de la fecha límite, el hambre no se ha reducido. Ha aumentado.[3]

La mayoría de las muertes por hambre se debe a la desnutrición crónica. Las familias, sencillamente, no consiguen el alimento necesario para la subsistencia. Las personas relegadas a esta situación viven una vida sin ninguna calidad. La FAO estima que, por lo menos, 820 millones de seres humanos sufren de hambre y desnutrición en el mundo.[4]

La Biblia afirma que, en los últimos tiempos, el clamor de esa gente sufridora provocará conflictos sociales terribles entre el capital y el trabajo. El apóstol Santiago dice: "¡Vamos ahora, ricos! Llorad y aullad por las miserias que os vendrán. Vuestras riquezas están podridas, y vuestras ropas están comidas de polilla. Vuestro oro y plata están enmohecidos; y su moho testificará contra vosotros... habéis acumulado tesoros para los días postreros. He aquí, clama el jornal de los obreros que han cosechado vuestras tierras, el cual por engaño no les ha sido pagado por vosotros".[5]

Un hombre explotado y sin Dios es un arma cargada. El tiempo apretará el gatillo. El hambre es el nido de la guerra en cualquier lugar del mundo. La pobreza, las privaciones y las injusticias que los poderosos cometen contra los menos favorecidos son las causas básicas de la amargura y la revuelta de la gente. La pobreza constante y la opresión prolongada llevan al ser humano a la asfixia social y a la desesperación. El resultado es que esa gente desatendida se convierte en focos de terrorismo, movimientos agresivos de movilización social y bolsones de delincuencia.

Está comprobado que la privación de los recursos mínimos de supervivencia tiene lugar, mayormente, en las áreas rurales y en la periferia de las grandes ciudades. De cada diez personas pobres, algunas con ingresos inferiores a un dólar diario, siete viven en esos lugares y son fácilmente susceptibles de ser convencidas para unirse a las guerrillas revolucionarias que prometen justicia social pero que, lamentablemente, destruyen la economía ya empobrecida de países subdesarrollados. Otros caen en la delincuencia, el tráfico de drogas y el crimen organizado.[6]

Un estudio serio de los conflictos sociales más agudos y de la delincuencia de nuestros días revela que, en los países más pobres y carentes de todo, las convulsiones revolucionarias o delictivas son el resultado de la falta de un programa económico que permita atender las crecientes demandas de la población. Las personas que durante décadas permanecieron sin oportunidades de mejorar su vida no aguantan más, y acaban desafiando con agresividad a la autoridad establecida.

La mayoría de los conflictos sociales que perturban al mundo moderno tienen su raíz en los sentimientos de frustración, injusticia y desesperación que alberga el pueblo. Si a todo eso se le añade la desigualdad y la discriminación, entonces tenemos, como resultado, la lucha de clases profetizada en la Biblia como una de las señales del retorno de Cristo.

Para completar el cuadro, hoy el pueblo está cada vez más consciente de la desigualdad y la injusticia. Casi todas las personas tienen acceso a la información a través de la radio, la televisión y otros vehículos de comunicación. Estos medios estimulan el consumismo entre los que tienen recursos para comprar. Muestran, en forma ostentosa, estilos de vida y productos que están lejos del alcance de la inmensa mayoría. Como consecuencia de esta globalización de la información y de las comunicaciones, las disparidades se perciben escandalosamente. Las clases sociales más necesitadas se llenan de indignación y de odio.

Esa conciencia de las desigualdades hace que las personas se convenzan de que el mundo en que viven es injusto. El concepto conformista de "estar destinados a ser pobres porque el mundo es como es" no satisface al hombre de nuestros días. Los promotores de la violencia aprovechan la situación para conseguir seguidores. En los últimos años ha proliferado el número de protestas públicas, vandalismo, terrorismo y delincuencia porque el pueblo quiere cambiar el presente estado de cosas pero no conoce el evangelio. Ignora que la lucha armada no es el remedio para el problema.

La lucha social continúa. Es el resultado de las injusticias, de la avaricia y del egoísmo colectivo. Pero no se queda ahí. Cuando el apóstol Santiago decía que el jornal de los trabajadores clamaría por lo que no les había sido pagado, también se refería a las huelgas y los movimientos sindicales.

En el momento en que escribo esta página hay huelgas en España. El país está casi parado porque los conductores públicos exigen mejora de sueldos. La huelga se extiende a otros sectores, afectando a los trabajadores de servicios funerarios y funcionarios del Ministerio de Justicia.

Alemania pasó por un caos. Hace un tiempo el sindicato alemán Verdi anunció que continuaría por plazo indefinido la huelga en los servicios de aeropuertos y ferrocarriles, al tiempo que en calles y circuitos de la capital alemana se registraron numerosas congestiones de tránsito.

En Estados Unidos, la General Motors anunció el cierre de varias de sus plantas, y recortó la producción en otras, debido a la huelga de los trabajadores de uno de sus principales proveedores.

Lo mismo sucedió en el Brasil. La policía civil de Río de Janeiro estuvo parada reivindicando mejores condiciones de trabajo. En la Argentina el sindicato de conductores reclamó aumento de sueldos. En el Perú la gente estuvo saliendo a las calles a protestar, y en la República de Bolivia se armaron piquetes que paralizan el tránsito en cinco Estados.

Yo te desafío. Dale una mirada al noticioso mundial y verás innúmeras huelgas. Sucede todos los días en todos los países. La lucha entre el capital y el trabajo estaba anunciada en la Biblia desde hace mucho tiempo. Es una de las señales del retorno de Jesucristo.

Sin embargo, los ricos no aullarán sólo por causa de las huelgas. La recesión económica se aproxima como un fantasma. Los países ricos están asustados. Estados Unidos vive uno de los momentos más críticos de su historia. El mercado inmobiliario está casi parado y arrastra consigo toda la actividad económica del país. Hay gente desempleada, y las familias devuelven sus casas a los bancos porque no están en condiciones de seguir pagando. En un intento urgente por disminuir la crisis, la Reserva Federal del país bajó los intereses nueve veces consecutivas. La Administración y el Congreso tratan de arreglar un paquete para estimular la economía. El mercado parece un gigante adormecido que intenta levantarse y no lo logra.

Ante este panorama sombrío, muchos estadounidenses se preguntan angustiados: ¿Qué es lo que sucede? Pocos saben que esto es apenas el principio de los dolores. Según Isaac Joshua, director de Conferencias en Ciencias Económicas de la Universidad París XI, la situación tambaleante de las tres más grandes economías mundiales es uno de los aspectos aterradores con relación al futuro.[7] La japonesa en recesión, la estadounidense entrando en recesión y la europea, en desaceleración rápida. En estas condiciones, la hipótesis de una recesión económica mundial ya no puede descartarse. Es un tsunami financiero que amenaza destruir todo lo que encuentre a su paso.

Según los especialistas, el panorama presente nos da a escoger entre una crisis violenta pero corta, u otra menos intensa pero larga. No hay salida. Y si esto es una realidad para las tres economías más grandes del mundo, imagínate lo que sucedería con las economías de los países en estado de desarrollo que, directa o indirectamente, dependen de las economías más sólidas.

Como siempre ocurre en toda situación de riesgo, los que más sufrirán serán los pobres. ¿Dramático? Con toda seguridad. Pero ellos, por lo menos, están acostumbrados a padecer. Recuerda que cerca 800 millones de personas duermen con hambre todos los días. Piensa ahora en la clase media que, aunque siempre se queja, tiene para comer. Piensa en los ricos, que no saben lo que es la necesidad y se aferran al dinero como la fuente de seguridad. Sin duda serán los que aullarán por causa de las riquezas, las cuales no les servirán de nada y se desvanecerán en fracción de minutos.

Durante el colapso financiero que en 1929 afectó la

Bolsa de valores en Estados Unidos hubo millonarios que de un momento a otro perdieron todo... y se suicidaron. Parecía una pesadilla de la que no despertaban nunca. Perdieron todas sus posesiones. El dinero se evaporó como si fuese agua. El país necesitó años para librarse del trauma.[8]

El dinero es importante, pero cuando el ser humano se encuentra alejado de Dios vive permanentemente insatisfecho. Se transforma en una obsesión. Su corazón es como la tierra sedienta del desierto. Necesita agua. Sin embargo, el hombre confunde las cosas. Corre tras el dinero y se aferra a él como si fuera su única fuente de seguridad. Es arena. Pura arena. Arena sin consistencia.

Jesús lo dijo: "Cualquiera, pues, que me oye estas palabras, y las hace, le compararé a un hombre prudente, que edificó su casa sobre la roca. Descendió lluvia, y vinieron ríos, y soplaron vientos, y golpearon contra aquella casa; y no cayó, porque estaba fundada sobre la roca. Pero cualquiera que me oye estas palabras y no las hace, le compararé a un hombre insensato, que edificó su casa sobre la arena; y descendió lluvia, y vinieron ríos, y soplaron vientos, y dieron con ímpetu contra aquella casa; y cayó, y fue grande su ruina".[9]

Vienen tiempos peligrosos. Lluvia, ríos y vientos financieros se aproximan sobre la Tierra. La Biblia dijo que sería así. Cuando esos tiempos lleguen, ¿dónde estará edificada tu casa?

La respuesta es sólo tuya.

Referencias:
[1] 2 Timoteo 3:2, p.p.
[2] "El hambre cuesta millones de vidas y miles de millones de dólares,

según el informe de la FAO sobre el hambre", www.fao.org/newsroom/es/news/2004/51809/index.html

[3] "Documentos de la Cumbre Mundial sobre la Alimentación", www.cinu.org.mx/temas/desarrollo/dessocial/alimentos/dec_plan_aliment1996.htm

[4] La FAO reitera su petición de fondos para alimentar a 400 millones de personas en 2015. http://www.consumer.es/web/es/solidaridad/2002/06/14/47824.php

[5] Santiago 5:1-4.

[6] Tony Addison y S. Mansoob Murshed (2001), "From Conflict to Reconstruction: Reviving the Social Contract". Serie Wider Discution Paper 2001/48; "The Causes of Conflict in Africa", DFID (2001); "Development Cooperation and Conflict", Banco Mundial (2001); "Report of the UN-SG on the Work of the Organization", ONU (2000).

[7] "Speculation and Collapse: Enough!", *L'Humanité* (27 de marzo de 2008).

[8] "Wall Street Crash of 1929", http://en.wikipendia.org/wiki/Wall_Street_Crash

[9] S. Mateo 7:24-27.

9

Señal del fin

"Será predicado este evangelio del reino en todo el mundo, para testimonio a todas las naciones; y entonces vendrá el fin" (S. Mateo 24:14).

La voz de la comisaria de a bordo me despertó. Miré el reloj. Las manecillas indicaban las 6:05 de la mañana, horario de Londres. En media hora más mi avión aterrizaría en el aeropuerto de Sheremetyevo, en Moscú. Estaba llegando a Rusia para dirigir una campaña de evangelización.

Mientras miraba por la ventanilla, tratando de observar la capital rusa, vinieron a mi mente las dificultades que las personas enfrentaron, en la antigua Unión Soviética, para estudiar la Biblia y servir a Dios. No había libertad. Quien se atreviera a predicar las buenas nuevas de Jesús corría el riesgo de ir a prisión. Eran otros tiempos. La caída de la Cortina de Hierro en Alemania y la Perestroika de Mijail Gorbachov abrieron definitivamente las puertas para que el mensaje del evangelio llegara a todos los rincones del planeta.

En 1992 el pastor y conferenciante Mark Finley, con el equipo de evangelismo del programa televisivo "Escrito Está", realizó algo que se registraría en la historia de la predicación del evangelio como un hito histórico. Dirigió una campaña de evangelización en el Kremlin, lugar donde otrora se había estudiado y aprobado medidas para hacer desaparecer a Dios de la vida de las personas. Casi tres mil personas aceptaron a Jesús y se bautizaron. Hoy Rusia es tierra fértil para la semilla del evangelio. Esto es parte del cumplimiento de otra de las señales de la venida de Cristo: la predicación del evangelio a todo el mundo.

Todavía existen enormes desafíos. Hay países a los cuales el mensaje salvador de Jesús aún no ha llegado. Desde el punto de vista humano da la impresión de que, hoy por hoy, sería imposible que el evangelio fuera anunciado en esos lugares. Pero al mirar hacia el pasado reciente, y recordar que lugares como Rusia y otros también eran desafíos aparentemente imposibles de ser alcanzados, y sin embargo hoy las puertas están abiertas, tenemos la seguridad de que no habrá lugar en el mundo al cual el evangelio no llegue. La iglesia avanza a pasos firmes cumpliendo su misión.

Los ocho días que pasé en Siberia vi el hambre espiritual de las personas. Deseaban ardientemente oír el mensaje de Dios. Cada noche vi decenas de ellas aceptar a Cristo como su Salvador personal. Las vi siendo restauradas por el poder transformador de Jesús.

El propósito de evangelio es levantar al hombre caído y restaurar en él la imagen perdida del Creador. Los seres humanos de todos los tiempos y de todos los lugares necesitaron siempre el evangelio. Pero si hubo un período de la historia en que las buenas nuevas de Jesús deberían ser predicadas con fuerza, es hoy. Nunca como hoy se vio gente tan desesperada y perdida en las sombras de su propio raciocinio. Nunca como hoy los seres humanos buscaron un sentido para la vida y, sin embargo, se extraviaron en la selva de sus confusiones y desaciertos.

Jesús ama a esas personas y quiere salvarlas. Anhela mostrarles el camino de la felicidad. Por eso desea alcanzarlas, y entre las señales profetizadas para el tiempo del fin incluyó también la predicación del evangelio a todas las criaturas. Lo había anunciado mientras estuvo con sus discípulos: "Y será predicado este evangelio del reino en todo el mundo, para testimonio a todas las naciones; y entonces vendrá el fin".[1]

En este exacto momento, mientras tú lees estas páginas, millones de cristianos fervorosos están predicando las buenas nuevas del evangelio en los lugares más apartados del planeta en forma personal, o a través de la radio, la televisión e Internet, o diseminando toneladas de libros y revistas impresos con las verdades bíblicas para el tiempo en que vivimos. Millones tocan puertas, reúnen a sus amigos en casa para compartir con ellos las nuevas de esperanza, dirigen pequeñas, medianas y grandes campañas evangelizadoras, etc. La señal que Jesús mencionó como una evidencia de su retorno se está cumpliendo de manera extraordinaria.

A lo largo de los últimos años he viajado por diferentes países del mundo. He predicado en estadios, lugares al aire libre, templos, salones alquilados, cines, teatros, etc. He podido ver cómo esta profecía es una realidad. He visto a personas ser bautizadas por miles, unirse a la iglesia de Dios y expresar su deseo de prepararse para el regreso de Jesús.

No fue sólo Jesús quien mencionó la predicación del evangelio como una señal del tiempo del fin. Juan también lo hizo. Habló de este acontecimiento al describir el futuro de la humanidad en el libro de Apocalipsis.

Está registrado en el capítulo 14 de dicho libro de

la siguiente manera: "Vi volar por en medio del cielo a otro ángel, que tenía el evangelio eterno para predicarlo a los moradores de la tierra, a toda nación, tribu, lengua y pueblo, diciendo a gran voz: Temed a Dios, y dadle gloria, porque la hora de su juicio ha llegado; y adorad a aquel que hizo el cielo y la tierra, el mar y las fuentes de las aguas".[2]

Percibe bien lo que dice el texto. El evangelio que el ángel tenía para predicar es eterno. El mismo Dios y el mismo mensaje. Si en Dios no hay mudanza ni sombra de variación, tampoco los hay en el evangelio. Jesús dijo: "El cielo y la tierra pasarán, pero mis palabras no pasarán".[3] Por tanto, el evangelio que el mundo debe oír en el tiempo del fin no es un evangelio modificado ni algo que cambió con el correr de los tiempos. El evangelio del Edén es el mismo del Sinaí. Las buenas nuevas del Sinaí son las mismas de los tiempos de Jesús. El Maestro de Galilea predicó el mismo evangelio que predicaron los apóstoles. El evangelio del Nuevo Testamento es el mismo de la Edad Media y es el mismo de nuestros tiempos, llamados posmodernos. Las buenas noticias de que Jesús murió en la cruz del Calvario para salvar a la humanidad fueron, son y continuarán siendo las mismas, por los siglos de los siglos. El evangelio es eterno.

¿En qué consiste el evangelio? En el anuncio de la salvación. El centro del evangelio es Cristo; lo que él hizo, hace y hará por la raza humana. Son noticias de perdón y restauración. La humanidad necesita oír este evangelio. Por eso, en los momentos de agonía que el planeta padece, Dios hace aparecer un ángel en medio del cielo para predicar este mensaje con énfasis fuera de lo común.

¿Quién es este ángel? ¿A quién representa? En el lenguaje profético, un ángel simboliza a un mensajero o a un grupo de mensajeros.[4] Esto quiere decir que, antes del regreso de Cristo, Dios levantaría un grupo de mensajeros que proclamarían el evangelio eterno a todo el mundo. Proféticamente, estos mensajeros surgirían después de la persecución de la iglesia obediente. Esta persecución duraría 1.260 años y terminaría en 1798.[5]

La profecía dice que este grupo de mensajeros predicaría con "gran voz". Es un mensaje claro y sonoro. Un mensaje que a veces asusta. Un mensaje políticamente incorrecto. No combina con el modo de pensar de la mayoría.

El mensaje empieza así: "Temed a Dios y dadle gloria". ¿Por qué? La razón es que el mensaje debe ser predicado en un tiempo cuando el ser humano prefiere adorar a la criatura y no al Creador. Este es el motivo por el que el ángel destaca las obras prodigiosas de Dios. Es necesario enfatizar la soberanía de Dios como Creador. Dios es infinitamente más grande que las cosas que él creó. Él "hizo el cielo y la tierra, el mar y las fuentes de las aguas".[6] Por tanto, la criatura no puede dirigir su atención a las cosas creadas. Debe dirigirla al Creador.

Los mensajeros simbolizados por el ángel demandan la adoración del ser humano al Dios creador. Y justifican esta demanda diciendo: "Porque la hora de su juicio ha llegado". El mundo debe abandonar con urgencia sus caminos de idolatría, y adorar al único y verdadero Dios porque llegó la hora del juicio.

¿De qué juicio se habla aquí? Cuando los cristianos piensan en el juicio divino, generalmente se proyectan hacia el futuro. Lo relacionan con la venida de Cristo y la destrucción final de este mundo. Pero el ángel dice que la hora de su juicio "ha llegado". Por tanto, no puede ser un asunto del futuro sino del pasado y del presente.

El profeta Daniel describe ese evento de la siguiente manera: "Estuve mirando hasta que fueron puestos tronos, y se sentó un Anciano de días, cuyo vestido era blanco como la nieve, y el pelo de su cabeza como lana limpia... Un río de fuego procedía y salía de delante de él; millares de millares le servían, y millones de millones asistían delante de él; el juez se sentó, y los libros fueron abiertos".[7] ¿Ves? Los libros fueron abiertos para dar inicio al juicio. Proféticamente, esto ocurrió en 1844.[8] ¿Cómo podría dar Jesús la recompensa a los justos, en ocasión de su venida, si no se hubiese examinado el caso de cada persona?[9]

Hablar del juicio causa temor. Pensar en el juicio resulta incómodo. Las personas relacionan el juicio con destrucción. Y si es destrucción, ¿cómo puede ser parte del evangelio eterno? El evangelio es "buena nueva". No son noticias desagradables; necesitan llevar confianza, y no miedo, al corazón de las personas. ¿No lo crees?[10]

Para entender esto, haz de cuenta que una persona se apoderó de tu casa. Ambos se dirigen a la Corte y esperan el veredicto del juez. Al llegar el momento del juicio, ¿quién debe temer? ¿Tú, que vas a tomar de vuelta lo que te pertenece, o el hombre que se apoderó injustamente de lo que no era suyo? Por tanto, el juicio es buena nueva para los justos. Para los impíos es una noticia que genera miedo y desesperación.

De acuerdo con la Biblia, el juicio es parte del evangelio de salvación por un simple motivo: el Señor Jesús, hablando del Espíritu Santo, dijo: "Y cuando él venga, convencerá al mundo de pecado, de justicia y de juicio".[11] Ahí están los componentes del mensaje completo del evangelio. Primero, yo soy un pecador, y nada de lo que haga por mis propias fuerzas puede librarme de la condenación a la que mis pecados me sometieron. Segundo, la justicia sólo viene de Jesús, por cuanto él murió por mí en la cruz y me ofrece gratuitamente su gracia. Tercero, si yo no aprovecho hoy la gracia maravillosa de Jesús, voy a tener que dar cuentas de mi decisión en el proceso judicial que enfrentaré delante del Tribunal divino.

La profecía bíblica afirma que en 1844 sucedieron dos cosas importantísimas en el universo. La primera sucedió en el cielo. Allí empezó el juicio. La segunda sucedió en la Tierra. Dios, levantó un grupo de mensajeros para predicar el evangelio eterno, anunciando la hora del juicio y llamando a la humanidad de nuevo a la adoración del Creador.

Este grupo de mensajeros forma la iglesia remanente, la descendencia de la mujer de Apocalipsis.[12] La profecía anuncia que hay una iglesia llamada por Dios para dar el último mensaje a los seres humanos. La misión de esta iglesia es urgente; por eso el ángel vuela. El mensaje de esta iglesia es importante; por eso el ángel habla en voz alta.

Con el fin de que esta misión se cumpla, Dios ha venido abriendo las puertas en los últimos años y el evangelio ha sido predicado a millones en el mundo. En estos momentos hay emisoras de onda corta, en lugares estratégicos del mundo, cubriendo con el mensaje del evangelio prácticamente la redondez de la Tierra, en muchos idiomas y dialectos, 24 horas por día.

A través de esos vehículos de comunicación y tantos

otros, el evangelio va alcanzando a las personas en los lugares más apartados y distantes. El otro día recibí la carta de un hombre que decía lo siguiente: "Pastor, tal vez en esta vida nunca tendré la oportunidad de conocerlo personalmente. Sólo quería agradecerle porque un día, a través de la radio, oí las buenas nuevas del evangelio al escuchar un mensaje que usted presentaba. En esos momentos mi hogar estaba destruido y yo acababa de cometer dos intentos de suicidio. Había llegado a un punto en que la vida no tenía más sentido. Sufría una extraña angustia interior que me llevaba a la desesperación. No dormía. Pasaba las horas de la noche en vela. Había consultado a muchos médicos y especialistas en problemas emocionales, pero nadie me mostraba una solución.

"Una madrugada prendí la radio y lo escuché predicar. Yo nunca había creído en el evangelio, ni en Jesús ni en la Biblia. Yo era un agnóstico. Un hombre racional. Consideraba la religión cosa de personas frágiles, que usaban el cristianismo para esconder sus fragilidades. Yo no necesitaba de muletas para vivir. Pero, de repente, no sé qué ocurrió en mi vida. Empecé a perder el gusto por las cosas. Todo comenzó a perder sentido y fui hundiéndome poco a poco en un mar de angustia y desesperación. Hasta aquella madrugada en que lo escuché por radio. En la penumbra y el silencio de la noche el Espíritu de Dios me habló al corazón, me mostró mi realidad y me hizo ver la necesidad de Jesús. Lo acepté, y hoy me gozo en compartir las nuevas que llegaron a mi vida con las personas que todavía no conocen a Jesús. Soy un hombre feliz".

La predicación del evangelio va cumpliendo su función: rescatar de la muerte a gente que perdió el rumbo de las cosas y de la vida. La señal del regreso de Cristo se está cumpliendo y el mundo está siendo preparado para la cosecha final.

Muy pronto, en el cronograma divino, llegará el día y la hora en que el Padre dirá al Hijo: "Ve, y trae a mis redimidos, aquellos que creyeron en mí y estuvieron dispuestos a obedecerme aun corriendo el riesgo de perder la vida. Ve y trae lo más precioso que tengo, trae a mis hijos. No puedo verlos más sufriendo por causa del pecado, no puedo más vivir sin ellos. La mesa está lista, el banquete está preparado. Sólo faltan ellos; por favor, ve y tráelos".

Cuando ese día llegue, ¿estarás listo para ir con Jesús? La respuesta es sólo tuya.

Referencias:

[1] S. Mateo 24:15.

[2] Apocalipsis 14:6, 7.

[3] S. Mateo 24:35.

[4] C. Mervyn Maxwell, *Apocalipsis: sus revelaciones* (Buenos Aires: Asociación Casa Editora Sudamericana, 1991), p. 90.

[5] Alejandro Bullón, *Tercer milenio* (Buenos Aires: Asociación Casa Editora Sudamericana, 1998), pp. 65, 66.

[6] Apocalipsis 14:7.

[7] Daniel 7:9, 10.

[8] Roy Gane, *Sin temor al juicio* (Buenos Aires: Asociación Casa Editora Sudamericana, 2006). La mayoría de los cristianos ha pasado por alto el hecho de que existe este juicio, y muchos de los que reconocen el hecho del juicio y la época en que ocurre han interpretado mal su propósito. Gane muestra en este libro, partiendo del libro de Daniel, que el juicio previo al advenimiento de Cristo beneficia a los hijos de Dios. Daniel 7:22 dice: "Y emitió juicio a favor de los santos del Altísimo".

[9] Richard M. Davidson, "The Good News of Yom Kippur", *Journal of the Adventist Theological Society* 2, 1966, pp. 4-27. Davidson señala tres razones principales por las que el juicio del tiempo final es una buena noticia: 1) Restaura el evangelio a su lugar correcto, y lleva al creyente la seguridad y vindicación en el juicio; 2) Realiza la purificación del

Santuario celestial, donde oficia Cristo; 3) Vindica el carácter de Dios (p. 23).

[10] Jacques B. Doukhan, *Secretos de Daniel: Sabiduría y sueños de un príncipe hebreo en el exilio* (Buenos Aires: Asociación Casa Editora Sudamericana, 2007), pp. 112, 113.

[11] S. Juan 16:8.

[12] Apocalipsis 12:17.

115

10

Una extraña
persecución

*"Entonces os entregarán a tribulación, y os matarán,
y seréis aborrecidos de todas las gentes por causa de mi
nombre"* (S. Mateo 24:9).

Los jardines del palacio brillaban tétricamente ilu-
minados por 240 antorchas humanas. Desde su balcón,
el emperador Dioclesiano contemplaba satisfecho el
cuadro de horror y muerte. Como fondo musical se oía
el lamento agonizante de los cristianos. Eran ellos las
antorchas vivas. Su único delito: creer en Jesucristo y
obedecer su palabra.[1]

Corría el año 305 de la Era Cristiana. Dos años atrás
Dioclesiano había subido al poder. Para empezar, ordenó que todo ejemplar de las Sagradas Escrituras fuera quemado. Las iglesias fueron derribadas. Los que no
renunciaban a la religión cristiana eran muertos. Las
casas y los que en ellas estaban eran incendiados. La
historia registra que el emperador mandó erigir un mo-
numento con la inscripción: "En honor de la extinción
de la superstición cristiana". Fue una de las más crueles
persecuciones de la historia.[2]

Estos hechos sucedieron en los primeros siglos de la

Era Cristiana. Son fragmentos tristes de una historia que a nadie le gusta recordar. Lo que pasó, pasó, y nunca más se volverá a repetir, ¿verdad? ¡Mentira! La persecución reapareció en la Edad Media. Esta vez la propia iglesia cristiana mandó perseguir a grupos de cristianos que insistían en estudiar y obedecer la Biblia como única regla de fe y doctrina. Eran llamados herejes, y enfrentaban el juicio y la muerte por su obediencia a la Palabra de Dios.[3]

Pasaron siglos de todo aquello. Hoy parece poco probable que alguien sea perseguido por sus convicciones religiosas. Sin embargo, Jesús fue categórico al afirmar que, poco antes de su retorno a la Tierra, un grupo de cristianos volvería a ser perseguido por su insistencia en obedecer a la Biblia y solamente a la Biblia.

En el capítulo que trató de las catástrofes naturales vimos que el Señor Jesús anunció que habría señales extraordinarias en el Sol, la Luna y las estrellas. "Pero en aquellos días, después de aquella tribulación, el sol se oscurecerá, y la luna no dará su resplandor, y las estrellas caerán del cielo, y las potencias que están los cielos serán conmovidas".[4] El Maestro afirmó que todo eso sucedería "después de aquella tribulación". ¿De qué tribulación hablaba Jesús? Él mismo respondió: "Entonces os entregarán a tribulación, y os matarán, y seréis aborrecidos de todas las gentes por causa de mi nombre".[5]

¿Quiere decir que antes de la venida de Cristo habrá una persecución? ¿Qué tipo de persecución es esa? ¿De qué se trata? Ninguna persona que ama la verdad puede conservarse al margen de este asunto. Es algo que tiene que ver con el destino eterno de todos los seres humanos.

Antes de continuar con este tema es necesario recordar que a lo largo de la historia siempre existió un enemigo de Dios cuya especialidad es el engaño. Él trató de llevar a la raza humana por el camino de la mentira. Este enemigo es identificado en la Biblia con los nombres de diablo y Satanás.[6] El libro de Apocalipsis lo presenta simbolizado por un dragón.[7] El dragón usa la seducción para alcanzar sus propósitos. Emplea la mentira y logra engañar a muchos, incluso, de ser posible, "a los escogidos", de acuerdo con las palabras del propio Señor Jesús. Pero, aunque la seducción y el engaño le dan buenos dividendos, existe un grupo de personas que estudia la Biblia y no se deja engañar. ¿Qué hace el enemigo entonces? Se llena de ira y los persigue. Si no consiguió sus propósitos por las buenas, lo hará por las malas.

El libro de Apocalipsis habla de esa persecución y Jesús la mencionó como una de las últimas señales de su retorno a la Tierra. Juan dice lo que vio en visión: "Entonces el dragón se llenó de ira contra la mujer; y se fue a hacer guerra contra el resto de la descendencia de ella, los que guardan los mandamientos de Dios y tienen el testimonio de Jesucristo".[8] ¿Quién es esta mujer perseguida por el dragón? ¿A quién simboliza? En la Biblia, la mujer es símbolo de una iglesia.[9] Una mujer pura, vestida de blanco, es la iglesia de Dios;[10] y una mujer impura, vestida de escarlata, es la iglesia del enemigo de Dios.[11]

La mujer perseguida es un símbolo de la iglesia de Dios. Juan mismo la describe de la siguiente manera. "Apareció en el cielo una gran señal: una mujer vestida del sol, con la luna debajo de sus pies, y sobre su cabeza una corona de doce estrellas".[12]

Esta iglesia fue perseguida por el dragón a lo largo de

la historia. El enemigo la persiguió con saña porque ella nunca creyó en sus mentiras. Sólo dio crédito a la Palabra de Dios. El propio Juan estaba perseguido y desterrado en la isla de Patmos cuando escribió el libro de Apocalipsis: "Yo, Juan, vuestro hermano, y copartícipe vuestro en la tribulación, en el reino y en la paciencia de Jesucristo, estaba en la isla llamada Patmos, por causa de la palabra de Dios y el testimonio de Jesucristo".[13]

Nota las dos causas por las que Juan estaba desterrado: la Palabra de Dios y el testimonio de Jesucristo. En realidad, las dos causas podrían resumirse en una sola: el amor a Jesús. Si tú amas al Señor, es lógico que seas fiel a su Palabra. Y si respetas su Palabra, no hay cómo aceptar los engaños y las mentiras que el dragón inventa. Esto encoleriza al enemigo. Entonces, el dragón termina persiguiendo a los que insisten en obedecer las enseñanzas de la Biblia.

La persecución no es contra los que apenas llevan el nombre de cristianos. Si yo soy cristiano pero ignoro la verdad y sigo las enseñanzas falsas del enemigo, él no tiene por qué perturbarme. Me deja tranquilo. La persecución es sólo para los que no se dejan engañar e insisten en obedecer lo que enseña la Biblia.

Es dramático saber que este grupo será cada vez menor. La mayoría optará por el camino fácil. Pero, al crecer este segundo grupo, los que insisten en obedecer las enseñanzas de la Biblia empezarán a ser vistos como radicales, intransigentes y políticamente incorrectos. ¿Puede haber, en nuestros días, alguien más digno de reprobación que una persona políticamente incorrecta? ¿A quién se le llama políticamente incorrecto? A aquel que no cede, que no rebaja sus valores, que no negocia principios; aquel que no piensa como la mayoría y no acepta lo que todos aceptan.

La "terquedad" de este pueblo perseguido está relacionada principalmente con un asunto que la inmensa mayoría considera un detalle tonto. En Apocalipsis 12:17 el dragón persigue a la mujer y también "al resto de su descendencia", que es la iglesia de los últimos días, por un solo motivo: su insistencia en obedecer a Dios de acuerdo con su Palabra. Nota que la iglesia del tiempo del fin tiene dos características: guarda los mandamientos de Dios y tiene el testimonio de Jesús.[14] ¿Te acuerdas? Los mismos motivos por los que Juan había sido desterrado a la isla de Patmos. Lealtad y obediencia a Dios y a su Palabra.

Hoy muchos conceptúan los Mandamientos de Dios como sin valor para el pueblo cristiano. Entienden que la Ley fue clavada en la cruz del Calvario, y por tanto el cristiano no debe más vivir preocupado por observar los Mandamientos. Sin embargo, el remanente es identificado justamente porque insiste en ser fiel a Jesús y guardar los Mandamientos. Puede parecer un detalle trivial, pero la obediencia a los principios eternos de la palabra de Dios no es negociable.

En el capítulo 13 del libro de Apocalipsis se vuelve a hablar del dragón. Aquí el dragón le da su poder a una extraña bestia. En profecía, "bestia" es símbolo de reino o poder.[15] Juan dice que a esta bestia "se le permitió hacer guerra contra los santos y vencerlos. También se le dio autoridad sobre toda tribu, pueblo, lengua y nación".[16]

Ahí está el poder que persigue a los santos. Es un poder religioso. Recibe la adoración de las personas. "La adoraron todos los moradores de la tierra cuyos nombres no estaban escritos en el libro de la vida del Cordero".[17]

Es un poder religioso y perseguidor. ¿A quién persigue? A los santos. ¿Cómo se identifica a los santos? El propio Juan da la respuesta: "Aquí está la paciencia de los santos, los que guardan los mandamientos de Dios y la fe de Jesús".[18]

Volvemos al punto de partida. Son los Mandamientos de Dios lo que está en juego.

De acuerdo con lo que dice Apocalipsis, en los últimos días existirá un poder religioso que tendrá mucha autoridad; será amado y respetado por multitudes, seguido y homenajeado por reyes y príncipes. Este poder tendrá mano de hierro para perseguir a los que no acepten su autoridad y no se sometan a él. ¿Quiénes no aceptan su autoridad? Los que insisten en ser fieles a Jesús y a su Palabra.

Hay más. La profecía afirma que en los días finales de este mundo también surgirá un poder político para apoyar al poder religioso que recibió la autoridad del dragón. El apóstol Juan lo describe así: "Después vi otra bestia que subía de la tierra... y hacía que a todos, pequeños y grandes, ricos y pobres, libres y esclavos, se les pusiese una marca en la mano derecha, o en la frente; y que ninguno pudiese comprar ni vender, sino el que tuviese la marca o el nombre de la bestia, o el número de su nombre".[19]

¿Notas de lo que se habla aquí? Hay personas que serán perseguidas terriblemente. Ellas no podrán siquiera comprar o vender si no tienen la marca de la bestia. ¿Cuál es la marca de la bestia? Para llegar a una conclusión es necesario primero saber cuál es la marca de Dios. Si es cierto que el dragón marca a sus seguidores, es también cierto que Dios hace lo mismo con sus fieles y obedientes hijos. A éstos él los llama santos.

Lee lo que dice Juan: "Después de esto vi a cuatro ángeles en pie sobre los cuatro ángulos de la tierra, que detenían los cuatro vientos de la tierra, para que no soplase viento alguno sobre la tierra, ni sobre el mar, ni sobre ningún árbol".[20] Aquí se habla de la destrucción final del mundo, en ocasión de la venida de Cristo. Hay cuatro ángeles deteniendo los vientos destructores. ¿Con qué propósito? Sigue leyendo el texto: "Vi también a otro ángel que subía de donde sale el sol, y tenía el sello del Dios vivo; y clamó a gran voz a los cuatro ángeles, a quienes se les había dado el poder de hacer daño a la tierra y al mar, diciendo: No hagáis daño a la tierra, ni al mar, ni a los árboles, hasta que hayamos sellado en sus frentes a los siervos de nuestro Dios".[21] ¿Notas? El quinto ángel les dice a los cuatro anteriores que sigan deteniendo la destrucción final hasta que los hijos de Dios sean sellados.

Estamos en uno de los momentos más importantes de la historia del mundo, y muchas personas lo ignoran. Observa bien. Los que reciben el sello de Dios son librados de la destrucción final, mientras que Juan dice que si "alguno adora a la bestia y a su imagen, y recibe la marca en su frente o en su mano, él también beberá del vino de la ira de Dios".[22] Hay dos comandantes. Ambos tienen sus seguidores. Ambos identifican a su pueblo. El dragón coloca la marca de la bestia. Jesús pone el sello de Dios.

¿Cuál es el sello de Dios? Si descubrimos esto sabremos cuál es la marca de la bestia. El sello generalmente es la identificación de una persona. Un sello trae el registro del nombre, el cargo o la función de la persona y la extensión de su autoridad.

Detrás del sello de Dios está su autoridad, su Ley y los principios eternos del gobierno divino. Detrás de la marca de la bestia puedes encontrar también la pretendida autoridad, los decretos y los principios engañadores del enemigo. Detrás del sello de Dios está el deseo de salvar. Detrás de la marca de la bestia está la intención de destruir. Detrás del sello de Dios están el Padre, el Hijo y el Espíritu Santo; detrás de la marca de la bestia están el dragón, la bestia y el falso profeta (ver Apocalipsis 16). El sello de Dios es colocado en la vida de los que "han lavado sus ropas y las han emblanquecido en la sangre del Cordero";[23] la marca de la bestia es colocada en la vida de los que adoran al poder engañador que se atribuye poderes divinos sin tenerlos.

En la Biblia se encuentran varios versículos que explican cuál es el sello de Dios. Uno de ellos es el siguiente: "Y santificad mis días de reposo [sábados], y sean por señal entre mí y vosotros, para que sepáis que yo soy Jehová vuestro Dios".[24] De acuerdo con esta declaración, el sábado es la señal de obediencia de la iglesia cristiana. El sábado no fue dado sólo para Israel. Fue instituido en la misma Creación[25] y observado por Israel antes del Sinaí.[26] Jesús lo guardó.[27] Los apóstoles lo guardaron; antes de la cruz y después de que Jesús resucitó y volvió al cielo.[28] El autor de la Epístola a los Hebreos dice: "Porque en cierto lugar dijo así del séptimo día: Y reposó Dios de todas sus obras en el séptimo día... Por tanto, queda un reposo para el pueblo de Dios".[29]

El enemigo conoce la Biblia. Sabe lo que dice la Palabra de Dios. Conoce la verdad. Pero él es mentiroso desde el principio, enemigo de la verdad. ¿Qué hace entonces? Camufla la verdad, la mezcla con mentira y la presenta usando su método, la seducción. Resultado: multitudes lo siguen, le obedecen y creen lo que él enseña. Pero hay un grupo de personas que tiene dos características: ama a Jesús y guarda sus Mandamientos. Este grupo no se deja engañar.

Eso les va a costar caro. El precio de la obediencia a la Palabra de Dios y de la fidelidad a Jesús será muy alto. El dragón desatará toda su ira contra las personas que forman parte de este grupo, y a través del poder religioso y del poder político iniciará la mayor persecución religiosa de todos los tiempos. Está profetizado. No hay cómo evitarlo. Esta será otra de las evidencias de la proximidad del regreso de Cristo. El profeta Daniel dijo: "...Será tiempo de angustia, cual nunca fue desde que hubo gente hasta entonces..."[30]

De acuerdo con la declaración de Jesús, esta persecución ocurrirá antes de los grandes fenómenos naturales que se manifestarán en el Sol, la Luna y las estrellas. Lucas lo relata de esta forma: "Habrá grandes terremotos, y en diferentes lugares hambres y pestilencias; y habrá terror y grandes señales en el cielo. Pero antes de todas estas cosas os echarán mano y os perseguirán... y seréis llevados ante reyes y ante gobernadores por causa de mi nombre... Mas seréis entregados aun por vuestros padres, y hermanos, y parientes, y amigos; y matarán a algunos de vosotros; y seréis aborrecidos de todos por causa de mi nombre".[31] ¿Adviertes la extensión y crueldad de esta persecución? Los hermanos se volverán contra los propios hermanos; los padres contra los hijos; y los amigos contra los amigos.

Es verdad que, originalmente, Jesús estaba hablando de la persecución que los cristianos sufrirían por parte de los romanos en el primer siglo de la Era Cristiana, pero también es verdad que la persecución se repetirá en los tiempos finales de la historia del mundo. Recuerda que el Maestro estaba respondiendo la pregunta que los discípulos le habían hecho con relación a la destrucción del Templo y también al fin del mundo.

Esta última persecución será la más grande y cruel de todos los tiempos. Personas inocentes serán maltratadas, humilladas y presas por no obedecer al poder religioso dominante. La fuerza la colocará el poder político. Y detrás de ambos estará el dragón.

Volvamos al sello de Dios. La Biblia afirma que es el sábado. Entonces surge la pregunta dramática: si el sábado es el sello de Dios, ¿cuál es la marca de la bestia? Para entender volvamos al capítulo 13 de Apocalipsis. Recuerda que aquí se habla de un poder religioso y también se menciona un poder político que "engaña a los moradores de la tierra con las señales que se le ha permitido hacer en presencia de la bestia, mandando a los moradores de la tierra que le hagan imagen a la bestia..."[32]

Observa que, en el escenario de los hechos, ahora entra otra figura simbólica: la imagen de la bestia. Una imagen es algo que representa. Cuando piensas en los colores de tu bandera patria viene a tu mente inmediatamente el país al que perteneces. ¿Por qué? Porque esos colores representan a tu país, son la imagen de tu país. Lo mismo ocurre con relación a cualquier otro país del mundo. La bandera con los colores patrios es simplemente la imagen del país. Detrás de la bandera está el país. Bien, si la autoridad divina está expresada en su sello, y el sello de Dios es el sábado, ¿cuál es la marca, el sello, lo que expresa la autoridad del enemigo de Dios?

Esto es muy serio. En la Biblia no hay un solo texto que diga que el sábado dejó de ser el verdadero día de reposo. En algún momento de la historia apareció alguien, alegando que tenía autoridad divina, y cambió la observancia del sábado por la del domingo. Muchas personas sinceras creen que guardan el domingo porque Jesús resucitó en ese día. Es verdad, la Biblia enseña que Jesús resucitó en domingo, pero en ningún lugar afirma que, por ese motivo, el sábado dejó de ser santo y ahora el domingo pasó a serlo.

El domingo tiene un origen completamente pagano. En los tiempos antiguos era considerado un día especial por los adoradores del sol. Incluso en inglés el nombre del domingo es Sunday, "día del Sol".[33]

La observancia del domingo por la iglesia cristiana recién empezó años después de que Jesús ascendiera a los cielos. Los apóstoles ya habían muerto o estaban muriendo. Comenzó poco a poco. Al principio, para no ser confundidos con los judíos. En aquellos tiempos Roma perseguía a los judíos que se habían rebelado buscando la independencia. Entonces la orden que los ejércitos romanos recibieron fue: "Arresten a todos los que guardan el sábado". Pero los judíos no eran los únicos que guardaban el sábado; los cristianos también lo hacían. Ante esa situación, para evitar confusiones, algunos cristianos empezaron a observar el domingo en homenaje a la resurrección de Cristo. Pero en la Biblia no existe ninguna orden para este cambio.[34]

El domingo pasó a ser aceptado oficialmente como día de reposo por la iglesia cristiana cuando el emperador Constantino se convirtió al cristianismo en el año 331. La influencia del emperador pagano fue determinante para que la iglesia aceptara el domingo como día de reposo.

Hoy la Iglesia Católica acepta, sin ambages, ser la

autora del cambio del sábado al domingo. Una publicación oficial de esa iglesia declara: "El domingo no se basa en la Escritura sino en la tradición, y es una institución católica".[35] El Catecismo Católico lo confirma: "Nosotros observamos el domingo en vez del sábado porque la Iglesia Católica transfirió la solemnidad del sábado al domingo".[36]

La Iglesia de Roma reivindica la responsabilidad del cambio del sábado al domingo como algo suyo. Pero el asunto va más lejos. Lo que vemos es lo que la historia registra. La Iglesia de Roma hizo el cambio en forma aparente. La realidad es otra. El verdadero autor de este cambio es el enemigo de Dios.

Un día de culto no indica necesariamente que ese día sea mejor que otro. No es simplemente un asunto de días. Lo que realmente importa es lo que estos días representan. El séptimo día pertenece a Cristo. Es la señal de su poder y de su autoridad. Él mismo dijo: "Por tanto, el Hijo del Hombre es señor aun del día de reposo [sábado]".[37] Ezequiel afirmó: "Santificad mis días de reposo [sábados]... para que sepáis que yo soy Jehová vuestro Dios".[38]

El primer día de la semana, como día de reposo, es una invención, un atentado contra la autoridad de Jesús. Guardar el séptimo día significa lealtad a Cristo, pero guardar el primer día significa deslealtad. Respetar el sábado es andar en los caminos que Jesús anduvo. Observar el domingo es desviarse de la enseñanza bíblica. Y el profeta Oseas pregunta: "¿Quién es sabio para que entienda esto, y prudente para que lo sepa? Porque los caminos de Jehová son rectos, y los justos andarán por ellos; mas los rebeldes caerán en ellos".[39]

Al contemplar el panorama mundial, puedes tener la

impresión de que la persecución, como señal del retorno de Cristo, nunca se va a cumplir. ¿Quién se atrevería a perseguir a una persona por causa de su fe? Vivimos en tiempos de libertad. Nunca se respetaron tanto los derechos humanos, nunca se realizaron tantos movimientos sociales en favor de las minorías. ¿Cómo es posible que alguien sea perseguido solamente por guardar el sábado? Desde el punto de vista humano puede parecer imposible. Sin embargo, la Biblia afirma que esta persecución será prácticamente la última señal y ocurrirá bien cerca del día glorioso de su retorno. Será algo sorpresivo, inesperado, e irá contra todas las previsiones humanas. Pero será real.

¿Estás atemorizado? No necesitas estarlo. El Señor Jesús cuidará de sus hijos fieles. Lee esta promesa maravillosa con relación a su cuidado infinito y a su preocupación por ti: "Él da esfuerzo al cansado, y multiplica las fuerzas al que no tiene ningunas. Los muchachos se fatigan y se cansan, los jóvenes flaquean y caen; pero los que esperan a Jehová tendrán nuevas fuerzas; levantarán alas como las águilas; correrán, y no se cansarán; caminarán, y no se fatigarán".[40]

¿Sabes lo que Dios hará por ti además de cuidarte y darte fuerzas? Lee lo que te dijo él mismo: "Porque habrá entonces gran tribulación, cual no la ha habido desde el principio del mundo hasta ahora, ni la habrá. Y si aquellos días no fuesen acortados, nadie sería salvo; mas por causa de los escogidos, aquellos días serán acortados".[41] Dios te promete acortar el tiempo en los días finales de la historia con el fin de que el sufrimiento que se avecina para el pueblo de Dios sea disminuido.

Todas las señales del regreso de Cristo se cumplieron

hasta aquí. Esta también se cumplirá, por más increíble e inverosímil que te parezca. Cuando la persecución llegue, ¿dónde estarás? ¿A cuál de los dos grupos pertenecerás? ¿A los perseguidores o a los perseguidos? La respuesta es sólo tuya.

Referencias:

[1] Marta Sordi, *Los cristianos y el Imperio Romano* (Madrid: Ediciones Encuentro, 1988). Aunque todo el libro trata sobre el tema de la persecución, las páginas 119 a 128 tratan sobre la persecución de Dioclesiano al principio del siglo IV.

[2] Ramsay MacMullen, *Christianity & Paganism in the Fourth to Eighth Centuries* (New Haven and London: Yale University Press, 1997), pp. 1-31.

[3] S. Mateo 24:9.

[4] S. Marcos 13:24, 25.

[5] S. Mateo 24:9. Lee también todo el capítulo 12 de Apocalipsis.

[6] Apocalipsis 12:9.

[7] Apocalipsis 12:3, 9, etc.

[8] Apocalipsis 12:17.

[9] Apocalipsis 12:1; Efesios 5:25-32; 2 Corintios 11:2; etc.

[10] Apocalipsis 12:1, 5.

[11] Apocalipsis 17.

[12] Apocalipsis 12:1.

[13] Apocalipsis 1:9.

[14] Apocalipsis 12:17; 14:12.

[15] Daniel 7:16, 17.

[16] Apocalipsis 13:7.

[17] Apocalipsis 13:8.

[18] Apocalipsis 14:12.

[19] Apocalipsis 13:11, 16, 17.

[20] Apocalipsis 7:1.

[21] Apocalipsis 7:2, 3.

[22] Apocalipsis 14:9, 10.

[23] Apocalipsis 7:14.

[24] Ezequiel 20:20.

[25] Génesis 2:1-3.

[26] Éxodo 16:23-30.

[27] S. Lucas 4:16.

[28] Hechos 18:1-5.

[29] Hebreos 4:4, 9.

[30] Daniel 12:1.

[31] S. Lucas 24:11, 12, 16, 17.

[32] Apocalipsis 13:14.

[33] Emperadores anteriores a Constantino grabaron al *Sol Invictus* en sus monedas oficiales con la leyenda *SOLI INVICTO COMITI*, para de este modo invocar al Sol Invicto como compañero del emperador. Las estatuillas de *Sol Invictus*, cargadas por portaestandartes, aparecen en tres lugares en los relieves del Arco de Constantino. La moneda oficial de Constantino continuó llevando la leyenda relativa al *Sol Invictus* hasta el año 323.

El 7 de marzo de 321 Constantino decretó que el *dies Solis* (es decir, el domingo) sería el día romano del descanso [Códice Justinianeo 3.12.2]:

"*Imperator Constantinus. Omnes iudices urbanaeque plebes et artium officia cunctarum venerabili die solis quiescant. Ruri tamen positi agrorum culturae libere licenterque inserviant, quoniam frequenter evenit, ut non alio aptius die frumenta sulcis aut vineae scrobibus commendentur, ne occasione momenti pereat commoditas caelesti provisione concessa*".

Su traducción es:

"En el venerable día del sol se dejará a los magistrados y al pueblo de las ciudades descansar y se cerrarán todos los talleres. En el campo, las personas ligadas a la agricultura podrán voluntaria y legítimamente continuar sus labores, pues con frecuencia sucede que el día siguiente no es el adecuado para sembrar o plantar viñas, pues se teme que, por dejar pasar el momento propicio para tales operaciones, se perderá el favor del Cielo" (http//es.wikipedia.org/wiki/Sol_Invictus).

[34] Confesiones católico-romanas y protestantes acerca del domingo, www.biblesabbath.org/tss/

[35] *Catholic Record*, 17 de septiembre de 1892.

[36] *A Doctrinal Catechism*, edición de 1957, p. 50.

[37] S. Marcos 2:28.

[38] Ezequiel 20:20.

[39] Oseas 14:9.

[40] Isaías 40:29-31.

[41] S. Mateo 24:21, 22.

11

Esperanza en el horizonte

"El día y la hora nadie sabe, ni aun los ángeles de los cielos, sino sólo mi Padre. Mas como en los días de Noé, así será la venida del Hijo del Hombre. Porque como en los días antes del diluvio estaban comiendo y bebiendo, casándose y dando en casamiento, hasta el día en que Noé entro en el arca, y no entendieron hasta que vino el diluvio y se los llevó a todos, así será también la venida del Hijo del Hombre" (S. Mateo 24:36-39).

Éramos nueve hermanos. Papá trabajaba en las minas y venía a casa cada dos semanas. Antes de viajar nos dejaba una lista con los deberes que debíamos cumplir para su llegada. Eran deberes diarios, pero nosotros dejábamos todo para última hora. Cuando llegaba el día final nos distribuíamos las tareas y en pocas horas teníamos todo listo. Papá se emocionaba al llegar. Pensaba que tenía hijos maravillosos y obedientes. Estaba engañado.

Cierto día hubo un accidente en las minas. Los trabajos fueron suspendidos, enviaron a todos los trabajadores a casa y él llegó antes de lo previsto. Para sorpresa suya, se topó con la triste realidad. Los hijos queridos no eran tan maravillosos como él pensaba.

Esta es apenas una historia; y mi padre apenas un ser humano. No tenía la capacidad de conocer el corazón de los hijos. Dios es Dios. Con él las cosas son diferentes.

Mucha gente se pregunta por qué Jesús no anunció el día exacto de su regreso. Creo que la razón es la naturaleza del corazón humano. Si supiéramos el día exacto, viviríamos sin tener en cuenta sus consejos. Faltando pocos días arreglaríamos la vida y trataríamos de prepararnos para ir con él. Esto no le haría ningún bien al hombre. Por eso Jesús incluyó el elemento sorpresa. Él mismo dijo: "Pero el día y la hora nadie sabe, ni aun los ángeles de los cielos, sino sólo mi Padre".[1]

Hablando de cómo sería su venida, Jesús dijo que sucedería como en los días de Noé: "Como en los días de Noé, así será la venida del Hijo del Hombre. Porque como en los días antes del diluvio estaban comiendo y bebiendo, casándose y dando en casamiento, hasta el día en que Noé entró en el arca, y no entendieron hasta que vino el diluvio y se los llevó a todos, así será también la venida del Hijo del Hombre".[2]

No hay nada de malo en casarse o darse en casamiento. El hecho de que las personas se casen no puede ser tomado como una señal del regreso de Cristo. El tema central es el sorpresivo retorno de Jesús. Todo el mundo estará viviendo su rutina diaria. Poca gente hará caso a las señales de los tiempos. Fue así en los días de Noé. Las personas estaban tan ocupadas en sus trabajos diarios que no tenían tiempo para Dios. Cuando Noé empezó a decir que el mundo terminaría con un diluvio, nadie creyó en él. Pensaban que estaba loco. Se burlaban de él.

El mensaje de Noé anunciaba la venida del diluvio.

Era un mensaje nada agradable y hasta ridículo. ¿Quién podría creer en eso? Hasta ese momento jamás había caído una gota de agua del cielo. La tierra producía frutos porque "subía de la tierra un vapor, el cual regaba toda la faz de la tierra".[3]

El mensaje de Noé era impopular. Nada fácil de ser aceptado. También hoy el mensaje de la Biblia es extraño para la mente posmoderna. Ridículo tal vez. Algunos lo consideran sin sentido. "...La palabra de la cruz es locura a los que se pierden; pero a los que se salvan, esto es, a nosotros, es poder de Dios".[4]

Noé predicó durante 120 años. Al principio muchos creyeron en su mensaje. Tal vez algunos colaboraron con la construcción del arca. Quizás otros dieron dinero y materiales para ayudar en el cumplimiento de la misión que Noé había recibido. Pero el diluvio no llegaba. Los pronósticos del tiempo no anunciaban lluvia. La ciencia afirmaba que, desde su punto de vista, era "imposible" que cayera agua del cielo.

Los 120 años pasaron. Nadie creía en el diluvio. Los únicos que estaban preparados y entraron en el arca fueron Noé, su esposa, sus tres hijos y sus nueras. Nadie más. ¿Dónde estaban todos los que creyeron al principio? Se habían desanimado. El tiempo se había encargado de apagar la llama de la esperanza en sus corazones.

Cierto día, cuando a nadie le parecía que algo extraordinario podría suceder, un día común como cualquier otro, un día en el que todo el mundo se levantó con la idea de que sería una jornada más, sucedió algo extraordinario. Al principio daba la impresión de que la vida seguía su curso normal. La gente comía y bebía, se casaba y se daba en casamiento. Era un día tranquilo, de cielo azul y sol resplandeciente. Era apenas un día más.

Repentinamente se observó en el cielo algo extraño. Una nube. Una pequeña nube que aumentaba de tamaño. Oscura, como la tristeza. Crecía y asustaba, y se apoderó de la extensión del cielo. Por primera vez se escuchó un estruendo llamado trueno. Saetas de luz herían el cielo oscuro. Todo el mundo se acordó de Noé y de la "locura" del arca. Todo el mundo corría. Todos pedían auxilio, pero la puerta del arca había sido cerrada por los ángeles y nadie la podía abrir. La Biblia afirma: "...No entendieron hasta que vino el diluvio y se los llevó a todos, así será también la venida del Hijo del Hombre".[5]

¿Notas que el énfasis del texto está colocado en la falta de preparación del ser humano para ese acontecimiento? Antes del diluvio las personas no estaban preparadas; y cuando Cristo vuelva tampoco lo estarán.

El apóstol Pedro declara que en los días finales de la historia se repetirá la burla de los incrédulos: "En los postreros días vendrán burladores, andando según sus propias concupiscencias, y diciendo: ¿Dónde está la promesa de su advenimiento? Porque desde el día en que los padres durmieron, todas las cosas permanecen así como desde el principio de la creación".[6] ¿Ves? Gente que se burlará. Personas para quienes nada raro sucederá. Piensan que las cosas seguirán como están. Mirarán a los que creen en la segunda venida de Cristo como si fuesen seres de otro mundo.

En los siguientes versículos Pedro trata de explicar la aparente demora: "Oh amados, no ignoréis esto: que para con el Señor un día es como mil años, y mil años como un día. El Señor no retarda su promesa, según algunos la tienen por tardanza, sino que es paciente para con nosotros, no queriendo que ninguno perezca, sino que todos procedan al arrepentimiento".[7]

Hay dos pensamientos que se destacan en esta declaración de Pedro. El primero es la brevedad de la vida humana. ¿Cuánto puede vivir el ser humano más longevo de nuestros días? En las montañas rusas descubrieron a un hombre que tenía 126 años de edad, y en el Japón falleció un hombre con 113 años.[8] ¿Qué significan 126 años comparados con la eternidad divina? Por tanto, Jesús no se demora. El ser humano vive una milésima de segundo comparado con el tiempo de Dios.

El segundo pensamiento tiene que ver con la infinita misericordia divina. Él ama a las personas. Si dependiera de su amor, todos se salvarían, pero la salvación es un asunto de decisión personal. Nadie puede interferir. Dios creó al hombre y a la mujer libres, para que ellos escogieran lo mejor a la luz de la palabra de Dios.

Sin embargo, el hecho de que Dios ame al ser humano y tenga mucha paciencia con él no significa que no vendrá. "Pero el día del Señor vendrá como ladrón en la noche; en el cual los cielos pasarán con grande estruendo, y los elementos ardiendo serán deshechos, y la tierra y las obras que en ella hay serán quemadas".[9] Aquí está de nuevo el elemento sorpresa. Ningún ladrón avisa el día y la hora que va a robar. Pedro compara la venida de Jesús con la sorpresiva acción del ladrón. El elemento de comparación es la sorpresa.

Lo que Jesús desea es que sus hijos estén permanentemente preparados. Por eso dijo: "Mirad también por vosotros mismos, que vuestros corazones no se carguen de glotonería y embriaguez y de los afanes de esta vida, y venga de repente sobre vosotros aquel día. Porque como un lazo vendrá sobre todos los que habitan sobre la faz de toda la Tierra. Velad, pues, en todo tiempo orando que seáis tenidos por dignos de escapar de todas estas cosas que vendrán, y de estar en pie delante del Hijo del Hombre".[10]

Hace un tiempo conversé con una persona que no conocía la Biblia. Estábamos en el avión y la conversación derivó hacia asuntos existenciales. Hablamos del concepto de cada uno con relación a la vida. Le dije que yo creía en el regreso de Cristo y en el establecimiento de su Reino eterno.

–Yo prefiero vivir la realidad presente –me dijo–. El cielo es algo muy abstracto y está en un futuro muy distante. No sé si estaré vivo cuando llegue ese día.

El hombre que dialogaba conmigo es la típica persona de nuestro tiempo. Sólo piensa en el aquí y en el ahora. Desde su punto de vista no vale esperar el cielo mientras las cosas suceden aquí en la Tierra.

–La vida es tan corta –concluyó– que no se puede desperdiciar tiempo con expectativas utópicas. Es necesario ser realista.

¿Es necesario ser realista? Entonces, tomando prestada la ilustración de otro escritor, permíteme razonar contigo. Supongamos que vivimos 100 años y llegamos al fin de nuestros días. Y descubrimos que mi interlocutor tenía razón. El cielo no existe. La venida de Cristo es una utopía. No hay vida eterna cuando Jesús vuelva. Nada. ¿Qué es lo que yo perdí si no existe nada? Valga la redundancia, nada; absolutamente nada. Porque nada existe. Pero imaginemos que al fin de nuestros días descubrimos que la Biblia tenía razón. Que el cielo existe, la vida eterna es una realidad y Cristo viene para llevar con él a los que se prepararon. Pues bien, mi amigo del avión lo habrá perdido todo. Así de simple. Pero también así de real y verdadero.

Muy pronto llegará el día en que los seres humanos despertaremos, como siempre lo hacemos, para cumplir los trabajos diarios. En las fábricas los empleados estarán cumpliendo sus tareas. En las escuelas los alumnos seguirán estudiando como siempre. Los lugares de placer estarán llenos. Gente haciendo el bien y haciendo el mal. Corriendo como todos los días detrás de sus sueños. Nada de anormal. Nada de diferente. Tal cual los días de Noé.

Súbitamente, en el medio del cielo, aparecerá una nube blanca. Aumentará de tamaño a medida que los segundos pasen. La Tierra se estremecerá en sus mismos fundamentos. Juan describe la escena de esta manera: "...He aquí hubo un gran terremoto; y el sol se puso negro como tela de cilicio, y la luna se volvió toda como sangre; y las estrellas del cielo cayeron sobre la tierra, como la higuera deja caer sus higos cuando es sacudida por un fuerte viento. Y el cielo se desvaneció como un pergamino que se enrolla; y todo monte y toda isla se removió de su lugar. Y los reyes de la tierra, y los grandes, los ricos, los capitanes, los poderosos, y todo siervo y todo libre, se escondieron en las cuevas y entre las peñas de los montes; y decían a los montes y a las peñas: Caed sobre nosotros, y escondednos del rostro de aquel que está sentado sobre el trono, y de la ira del Cordero; porque el gran día de su ira ha llegado; ¿y quién podrá sostenerse en pie?"[11]

Mientras que mucha gente corre asustada, los que creyeron en su venida y se prepararon levantarán los brazos y dirán: "He aquí, éste es nuestro Dios, le hemos esperado, y nos salvará; éste es... a quien hemos esperado, nos gozaremos y nos alegraremos en su salvación".[12]

Mañana fría de 1942. En un campo de concentración, un joven mira a través de la cerca de alambre con púas y ve a una muchacha, linda como la luz del sol. La chica también lo ve, y su corazón salta como un cabrito perseguido por un enjambre de avispas. Ella quiere expresar sus sentimientos y le arroja una manzana roja a través de la cerca. La manzana le trae vida, esperanza y amor. El muchacho la recoge y un rayo de luz ilumina su mundo de oscuridad. El joven no duerme aquella noche. El rostro angelical y la sonrisa tímida de la joven vienen a su recuerdo.

Al día siguiente tiene unas ganas locas de volverla a ver. Se aproxima otra vez a la cerca y, para sorpresa suya, ve de nuevo a la joven. Ella aguarda la llegada misteriosa del joven que tocó su corazón. Allí está, con otra manzana roja en la mano.

Hace mucho frío. El viento helado sopla produciendo un lamento triste. A pesar de eso, dos corazones son calentados por el amor mientras la manzana atraviesa la cerca.

El incidente se repite por varios días. Dos jóvenes, en lados opuestos de la cerca, se buscan uno al otro. Sólo por un momento. Apenas para intercambiar miradas tiernas. El encuentro es llama que flamea. El sentimiento inexplicable de ambos es el combustible.

Cierto día, al fin de esos momentos dulces, el joven le dice con expresión triste:

–Mañana no me traigas la manzana. No estaré más aquí; me están enviando a otro campo de concentración.

Aquella tarde el muchacho se va triste, con el corazón quebrado. Tal vez nunca más vuelva a verla.

Desde ese día la imagen linda de la joven dulce aparece en su mente en momentos de tristeza. Sus ojos, las pocas palabras, la manzana roja. Para él todo es alegría en la tristeza. Su familia muere en la guerra. Su vida es casi destruida, pero en los momentos más difíciles la imagen de la chica de sonrisa tímida le trae alegría, aliento y esperanza.

Los años pasan. Un día, en Estados Unidos, dos adultos se conocen por casualidad en un restaurante. Conversan de la vida. Hablan de sus encuentros y desencuentros.

–Bueno, ¿donde estuviste durante la guerra? –pregunta la mujer.

–Estuve en un campo de concentración en Alemania –responde el hombre.

–Yo recuerdo que le arrojaba manzanas a través de la cerca a un joven que también estaba en un campo de concentración –recuerda ella.

Con el corazón casi saliéndole por la boca, el hombre balbucea:

–¿Y ese muchacho te dijo un día: "Mañana no me traigas la manzana porque me están llevando a otro campo de concentración"?

–Sí –responde ella, presintiendo algo maravilloso–, pero ¿cómo puedes tú saber eso?

Él la mira a los ojos, como se mira a una estrella, y le dice:

–Yo era ese muchacho.

Silencio. Tantos recuerdos, tanta nostalgia, tanta esperanza de volverla a ver. Las palabras casi no le salen, pero continúa:

–Me separaron de ti aquel día, pero nunca perdí la esperanza de volver a verte. ¿Quieres casarte conmigo?

Se abrazan bien fuerte, mientras ella susurra a sus oídos:

–Sí, claro que sí, mil veces sí.[13]

El mundo ya es un fruto maduro para ser recogido. Cristo vuelve a ponerle un punto final a la historia del pecado. Viene a llevarte. Vuelve para decirte que nunca perdió la esperanza de volver a verte. Hay un lugar en el cielo para ti, y nada será igual sin tu presencia. Tú eres lo más valioso que Jesús tiene en esta Tierra. Así como eres. Con tus alegrías y tristezas. Con tus luchas y conflictos. Con tus aciertos y tus errores. Le importas mucho a Jesús. Por eso vino a morir por ti en la cruz del Calvario y volverá para llevarte con él. ¿Estás listo?

La respuesta es sólo tuya.

Referencias:

[1] S. Mateo 24:36.

[2] S. Mateo 24:37-39.

[3] Génesis 2:6.

[4] 1 Corintios 1:18.

[5] S. Mateo 24:39.

[6] 2 S. Pedro 3:3, 4.

[7] 2 S. Pedro 3:8, 9.

[8] "Morre aos 113 anos de idade a pessoa mais velha do Japão", www.ipcdigital.com/ver_noticiaA.asp?descrIdioma=br&codNoticia=12063&codPagina=12522&codSecao=302

[9] 2 S. Pedro 3:10.

[10] S. Lucas 21:34-36.

[11] Apocalipsis 6:12-17.

[12] Isaías 25:9.

[13] En un Día de la Amistad de 1996, en un programa de Oprah Winfrey por red nacional, el mismo hombre le dijo a su esposa: "Tú me alimentaste en un campo de concentración, me alimentaste de esperanza a lo largo de los años. Ahora yo continúo con hambre, pero sólo hambre de tu amor".

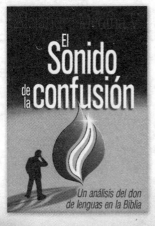

¿Qué puedo hacer para vivir eternamente?

Fuerza para vencer nos revela

a la persona que hace posible

lo que tanto anhelamos: vivir

en plenitud y triunfar

sobre la muerte.

Si usted está interesado en conocer más de acerca de estos temas y otros aspectos relacionados con la Biblia:

- Visite www.estaescrito.org y www.lavoz.org para hacer uso gratuito de estudios bíblicos por internet.

- Encuentre respuestas a cientos de preguntas bíblicas en 16 idiomas en www.es.Bibleinfo.com

- Explore lecciones bíblicas, juegos e historias para niños en www.kidsbibleinfo.com

- Vea programas con mensajes inspiradores en canales cristianos vía internet: www.nuevotiempo.org/, www.esperanzatv.org/ , www.3abnlatino.org/

- Encuentre más libros relacionados con el estudio de la Biblia en www.gemaeditores.com.mx

Solicite guías de estudios bíblicos por correspondencia, enviando su nombre y dirección a:

UNIÓN MEXICANA DEL NORTE
Carretera Nacional km. 205
Camino a Hualahuitas
67500 Montemorelos, Nuevo León
http://www.tagnet.org/unionnorte/

UNIÓN MEXICANA DEL SUR
Calle 60 No. 329
Entre 65 y Colón
Col. Centro
97000 Mérida, Yucatán
http://www.unionsur.org.mx/

UNIÓN INTEROCEÁNICA
Av. Gran Avenida No. 3647
Fracc. Unión
Col. Las Cuartillas
72050 Puebla, Puebla
http://www.interoceanica.org.mx/

UNIÓN MEXICANA CENTRAL
Av. Cuauhtemoc No. 698
Col. Narvarte
03020 México, D.F.
http://www.unionmexicanacentral.org/

Entre en contacto con una de estas direcciones o si lo prefiere con la más cercana a su domicilio y verá como su vida puede cambiar para bien: